群众文化活动的组织与开展

尹茂俊◎著

吉林人民出版社

图书在版编目(CIP)数据

群众文化活动的组织与开展 / 尹茂俊著. -- 长春 : 吉林人民出版社, 2024. 9. -- ISBN 978-7-206-21400-4
Ⅰ. G249.2
中国国家版本馆CIP数据核字第2024Z3L226号

群众文化活动的组织与开展

QUNZHONG WENHUA HUODONG DE ZUZHI YU KAIZHAN

著　　者: 尹茂俊
责任编辑: 张文君　　　　封面设计: 左图右书
出版发行: 吉林人民出版社(长春市人民大街7548号 邮政编码:130022)
咨询电话: 0431-85378017
印　　刷: 三河市嵩川印刷有限公司
开　　本: 787mm × 1092mm　　1/16
印　　张: 9.5　　　　字　　数: 150千字
标准书号: ISBN 978-7-206-21400-4
版　　次: 2024年9月第1版　　印　　次: 2026年1月第1次印刷
定　　价: 68.00元

前言

在新时代的征程中，人民对美好生活的向往日益增强，群众文化活动的价值和作用日益凸显。开展群众文化活动能够满足人民群众对美好生活的期待，丰富人民群众的精神世界，提升全民的文化素养和审美水平。通过丰富多彩的群众文化活动，可以增进人与人之间的交流与合作，减少社会矛盾，构建和谐社会。同时，群众文化活动有助于传承和弘扬中华优秀传统文化，促进传统文化创新，增强人民的民族自豪感。另外，多样的群众文化活动有助于刺激文化消费，推动文化产业的繁荣，为经济增长提供新动力。此外，通过开展不同形式的群众文化活动，可以提升公众文化服务的质量和效率，推动社会主义文化发展和繁荣。

群众文化活动的发展历史源远流长。自古以来，我国人民就有在节日、庆典中各种文化活动的传统。在历史的长河中，群众文化活动不断发展演变，形式和内容也日益丰富多样。从古代的庙会、社戏，到现代的广场舞、社区文化节，群众文化活动在不断地适应时代的发展，满足人们的文化需求。改革开放以来，随着经济的发展和社会的进步，群众文化活动进入了蓬勃发展的新时期。伴随着时代的发展，党和政府高度重视群众文化工作，强调加大对文化事业的投入，鼓励和支持群众开展各种文化活动。

如今，群众文化活动已经成为人们生活的重要组成部分。因此，本书以群众文化活动的组织实施为主题，简述了群众文化与群众文化活动的概念、形成、原则等相关理论，介绍了群众文化活动的各种分类，分析了如何进行群众文化活动的骨干队伍、专业队伍、社团组织、志愿者队伍的组织与管理方法。本书从策划、方案编写、活动的组织与实施三个方面来对群众文化活动组织与开展进行分析，详细地介绍了群众文化活动的策划设计方法、活动方案的编写以及从活动开始前的工作机构设置、实施中的控制管理到最后的群众文化活动效果评估的一系列工作环节是如何进行的，以期为促进群众文化活动更好地组织与开展提供参考。

目　录

第一章　群众文化活动概述

第一节　群众文化活动的概念

一、群众文化活动的定义

从本质层面而言，群众文化活动是一种以文化建设和满足民众精神文化需求为基本目标，以文化活动为支撑，游离于大多数民众本职工作以外的文化行为。群众文化活动的开展主要涉及活动策划、阵地建设以及文化队伍组建等核心环节。其中，活动策划是群众文化活动的核心环节，对群众文化活动的开展成果有着直接影响；阵地建设则是为了解决开展群众文化活动所需的场地等问题；文化队伍组建主要是为了保障群众文化活动的正常、有序开展。群众文化活动在由群众文化活动、群众文化群体、群众文化工作、群众文化事业、群众文化理论等诸要素构成的群众文化体系中处于核心地位。群众文化活动的存在和发展决定着其他群众文化要素的存在和发展；群众文化的本质，由取得支配地位的群众文化活动内容所决定。

二、群众文化活动特点

（一）参与主体的群众性

参与主体的群众性是群众文化活动最为突出的特征之一，具体表现在以下方面。群众文化活动的主题和内容大多源自现实生活，群众文化活动不仅是满足人们精神文化需求的重要方式，更是提升民众文化素养的重要途径。正是由于群众文化活动的内容来自现实生活，因此群众文化活动更容易调动起广大民众的参与兴趣。民众主动参与到群众文化活动中，是推动群众文化活动创新发展的重要力量之一。

(二)活动内容的本源性

群众文化活动内容具有本源性,主要体现在以下方面。群众文化活动的内容通常是以艺术手段对现实生活进行包装和再现,具有浓厚的地域特色和乡土气息,其不仅是传播当地文化的有效方式,还在推动当地经济发展等方面发挥着不可忽视的作用。由于不同地区的传统文化以及地域风俗等方面存在差异,因此群众文化活动的形式具有多样化的特点,再加上群众文化活动内容与人们的日常生活密切相关,更容易激发民众参与活动的积极性。

三、群众文化活动的价值

(一)提高基层社会管理水平

群众文化活动的开展对基层社会管理水平的提升有着促进作用。群众文化活动大多由社区负责组织开展,内容丰富的群众文化活动可以拉近社区与民众之间的距离,增强社区凝聚力和归属感,通过共同参与文化活动,居民之间可以建立更加紧密的联系,形成良好的社区氛围。同时,社区还可以在组织群众文化活动的过程中通过多种渠道和方式获取各种数据信息。对这些数据信息进行挖掘与分析可以为社区决策以及各项管理工作的开展提供更多参考,这是提高社区管理水平的重要举措之一。不论是基层社会管理工作还是群众文化活动,都是围绕服务群众这一核心目标进行规划的。因此,基层社会管理工作与群众文化活动之间有着紧密的联系,这也为二者之间的有机融合提供了良好的条件。社区可以在群众文化活动中渗透基层社会管理工作内容,充分发挥群众文化活动的作用,并促进基层社会管理工作形式的创新,强化管理成效。

(二)推广和传播优秀传统文化

群众文化活动作为一种具有广泛参与性的文化形式,能够将优秀传统文化带入人们的日常生活,让更多的人了解、接受和传承优秀传统文化。群众文化活动通常以集体参与的形式开展,通过共同的文化体验,加深了人们对优秀传统文化的认识和认同,有助于优秀传统文化的传承和发展。此外,群众文化活动能够吸引媒体和公众的关注,使得优秀传统文化得到更广泛的传播和关注，进而引起社会和政府的重视和支持。

以传统节日类文化活动为例，中国传统节日承载着丰富的文化内涵和重要的价值观念，凝结着中华民族的文化血脉和思想精华。中国传统节日源于古代农耕文化，是一种全民参与的文化创造，是中华民族在长期的实践过程中积累的经验和智慧的结晶，是最具活力和影响力、最具民族特色和个性的优秀传统文化，其中寄托着无数美好的愿望，已积淀成中华民族的精神符号。通过在传统节日组织丰富多样的群众文化活动，可以使人们在丰富业余文化生活的同时，增强对传统文化的认同感和自豪感。

（三）促进社会经济的发展

群众文化活动对社会经济发展的促进作用主要体现在以下方面。首先，现代社会的民众需要面对生活和工作中的巨大压力。这不仅会对人们的身心健康产生不同程度的影响，也不利于社会生产效率的持续提升。而群众文化活动的开展可以让人们根据各自的兴趣喜好自由选择和参与各类文化活动，进而使民众在轻松愉悦的文化活动中释放压力，并为社会发展贡献更多力量。其次，基于各地特色文化开展的群众文化活动可以吸引更多当地民众和外地游客。这既可以宣传当地优秀传统文化，又能带动当地经济发展。①

（四）丰富群众的精神文化生活，提升群众文化素养

群众文化活动在丰富群众的精神文化生活、提升群众文化素养方面具有重要的价值，是推动文化繁荣、社会进步和人的全面发展的重要力量。群众文化活动能够为人们提供多样化的文化体验和艺术享受，满足群众多样化的文化需求，丰富人们的精神世界。群众文化活动往往以集体参与的形式开展，通过共同的文化体验和互动，培养了群众的审美能力、文化鉴赏能力和创新精神，提升了群众的文化素养。此外，群众文化活动还能够传承和弘扬中华优秀传统文化，引导群众树立正确的世界观、人生观和价值观，促进社会主义核心价值观的传播和弘扬。

---

①刘军．群众文化活动的时代价值及管理创新[J]．文化产业，2024(08)：53—55.

第二节 群众文化活动的形成与发展

群众文化活动为群众文化群体的产生奠定了基础。国家根据群众文化活动发展的要求开展群众文化工作，并形成了现在的群众文化事业。群众文化活动的发展孕育着群众文化的科学理论。

一、群众文化活动形成的心理机制

（一）模仿与从众心理

模仿心理是在没有外在压力的条件下，个体受他人的影响而仿照他人，使自己与他人相同或相似的现象。这种模仿是自愿产生的，有时可能是无意识的，但总是以榜样为条件。模仿心理推动了文化活动的快速传播和普及。通过模仿，个体能够迅速掌握文化活动的要领和技巧，从而更容易地融入其中。

从众心理是指个体在群体影响和压力下，放弃自己意见而采取与大多数人一致的心理状态。从众行为的特点包括自愿性、群体压力的真实存在或想象性，以及从众行为可能与个体本意不符但仍然是自愿行为。当一种文化活动受到大量参与者的追捧和喜爱时，它往往会吸引更多的关注和参与，从而形成更大的社会影响力，最终形成公众广泛参与的群体文化活动。

（二）认同与归属感

在群众文化活动形成的心理机制中，认同和归属感处于核心地位。群体文化活动往往承载着某种共同的价值观、信仰或目标，当个体对这些元素产生认同时，会产生强烈的归属感，并积极参与群体文化活动。这种归属感促使个体将群体利益放在个人利益之上，愿意为群体付出努力，维护群体的凝聚力和整体利益。

（三）情感共鸣与分享

情感共鸣是群体文化活动能够开展的基础之一，通过共同体验、共同话题或共同目标，个体可以在群体中感受到相似的情感，如快乐、悲伤、激动等。

（四）自我展示与实现

群体文化活动为个体提供了展示自己才华和能力的平台。通过参与活动，个体可以展示自己的独特性、创造力和价值，获得他人的认可和赞赏。

（五）社会交往需求

根据马斯洛的需求层次理论，社交需求是人类的基本需求之一。人们渴望与他人建立联系、交流情感、分享经验，以满足自己的社交需求。人们为了满足自己的社交需求，会积极参与各种文化活动，推动文化活动的繁荣和发展。

（六）群体心理结构的影响

群体文化活动是在一定的群体心理结构基础上形成的。这种心理结构包括共同的目标、情感、行为准则等，对个体参与群体文化活动产生重要影响。在群体心理结构的影响下，个体更容易形成与群体相一致的认知、情感和行为，从而推动群体文化活动的形成和发展。

二、群众文化活动样式

群众文化活动样式，是按不同文化艺术门类区分的基本的活动组成的活动种类。之所以能区分为不同的种类，是因为它们在形式上有不同的内部组织结构和外部表现形态。具体样式有以下几种。

群众文学活动：主要指小说、诗歌、散文、报告文学等文学作品的创作，以及围绕创作所开展的各种辅导、加工交流等有关活动。在群众文化的基础部分中的民间文学创作、传播活动，还包含民间歌谣、民间长诗、民间谜语、民间谚语等民间诗歌的活动，以及神话、传说、寓言、笑话、童话、生活故事等民间故事形式的活动等。这些活动样式的共同特点是以语言为工具，是语言的艺术。

群众戏剧活动：这一样式的活动，既包括群众性戏剧演出的活动，也包括对专业性戏剧演出的欣赏。戏剧是融诗歌、音乐、舞蹈、曲艺、美术、杂技、武术以及表演等多种艺技于一体的综合性的活动样式,它也包括民间小戏、木偶戏、皮影戏等。戏剧活动是古老的艺术,早在2000多年前亚里士多德就曾给它下过定义,它以自己的综合性和现场表演等直观的内外部特点区别于其他样式的群众文化活动。

群众曲艺活动:群众曲艺活动包括快板、快书、弹词、渔鼓道情、大鼓、琴书、牌子曲、时调小曲、评书、相声等不同形态的、种类数以百计的说唱活动。它以带有表演动作的说唱来叙述故事、塑造人物、表达思想感情,有着浓厚的地方性特色。它以叙事为主、代言为辅、"一人多角"等特点而成为带有显著民间色彩的群众文化活动样式。

群众音乐活动:分为用人声演唱的声乐和用乐器演奏的器乐两大类的群众音乐活动,是一种用声音塑造情感形象的听觉艺术活动,是历史悠久且种类繁多的活动形式。就中国来说,远在周朝时期,见诸文字记载的乐器便已有80多种。不仅每个民族都有独具风格的群众音乐活动,而且这种音乐具有不经翻译即可为不同国家、不同民族的群众所欣赏的普遍可传达性。

群众舞蹈活动:这是历史久远、形式种类繁多的群众文化活动,包括社交舞蹈、风俗舞蹈、健身舞蹈、礼仪舞蹈等。它在形式上明显地表现着人民群众的生产与生活方式、风俗习惯、宗教信仰、道德观念和审美情趣,在外部表现形态上有着鲜明的动作性、造型性、节奏性和直观抒情性的特点。

群众美术活动:通称为造型艺术、空间艺术、视觉艺术和静态艺术的美术门类的群众文化活动,包括绘画、雕塑、工艺美术、书法、摄影、篆刻等方面的活动。泥塑或陶制各种玩具、剪纸、制作风筝、集邮等也都是群众美术活动。尽管这一样式的活动的外部表现形态各异,却一般都有以美术为基础,以一定的物质材料在一定的空间创造静态视觉形象的特点。

群众游艺活动:指包含游戏、杂技在内的一种智力性、康乐性活动。它包括棋类、牌类、儿童游戏等,具体活动种类难以计数和尽说。它大体可划分为智力性与娱乐性两大类。科技的进步已使现代化的电、光、声和机械等进行控制的游艺活动进入群众文化生活领域,群众游艺活动的形式也更为多样而新颖。

群众体育活动:这是指乡村、厂矿、企业、机关等基层群众所开展的业余性质的体育活动。民族民间体育活动有武术、荡秋千、赛龙舟、跳皮筋、踢毽子等;新兴的群众体育活动的项目同国家专业体育的项目差不多,能进入国家或国际性比赛的项目,大都可在业余进行。群众体育活动区别于专业性体育活动的特点是以自我娱乐、健身为主要目的。群众文化活动的样式同群众游艺活动一样,一般不具有意识形态性。

上述每种群众文化活动样式都具有相对的独立性,以其相对稳定的活动形式而存在着。它们都以独特的形式和方式来表现群众文化活动的内容,同时也都以不同的形式和方式成为客体而作用于群众文化活动的主体。从文化艺术门类层次上划分的群众文化活动样式,指的是一个种类的群众文化活动的形式,既包括这个种类的群众文化活动的过程,也包括与这个种类的活动成果有关的其他活动;既包括群众满足自身文化需要而创造这个种类成果的表现性活动,也包括同样目的而对他人的这个种类成果的欣赏性活动。

三、群众文化活动类型

群众文化活动类型是指以共同的活动形态特征所形成的群众文化活动的类别,从包含文化艺术门类的意义上讲,它是比活动样式更高层次的群众文化活动形态。按照通常的分类方法,可以划分出下列主要的群众文化活动类型。

创作活动:群众文艺创作活动,是从满足自身精神需要出发而进行的群众文化行为,是自我实现性的活动。从创作的文艺门类上讲,专业性文艺家所从事的文学、音乐、美术、舞蹈、戏剧、曲艺等门类,全部是群众文艺创作的门类范围。不仅如此,专业性文艺家一般不会或不可能创作大量的民间文艺门类,是群众文艺创作的独有天地。此外,群众文艺创作也包括口头性的民间文学创作。

表演活动:群众表演活动是一种自娱性与自我表现性相融合的活动类型,是对戏曲、曲艺、音乐、舞蹈等动态性文艺作品的创造性表达,是一种在公众场合进行的娱乐活动。表演者既可表演自创作品,也可表演他创作品。表演者与观赏者往往有着某些密切的社会联系，在表演活动中表演与观赏的角色还往往出现互换或同时兼有的情况。

展览活动：群众展览活动是一种展示自己创造才能的活动类型，是置绘画、摄影、书法、雕塑等静态的文艺作品于观赏者中间的立体性表现。作为群众文化活动的另外一类展览活动，是通过文学、美术等艺术手段而进行图体、实物等形式的专题性陈列，是一种社会宣传教育性活动。若群众未直接参与这种展览物的制作，这种展览对于群众来说就只能归属观赏性活动。

观赏活动：在观赏性活动中，作为活动主体的人都是在欣赏他人所展示的文化艺术活动或作品，也是一种对他人提供的群众文化产品的消费活动。这种类型的活动种类如观看电影、电视、录像、幻灯、展览和文艺演出等。文艺演出、展览有直接的现场观赏和间接的影视观赏等多种途径。影视类观赏具有对文艺门类的最大包容性。

阅读活动：它同观赏活动的相同之处是活动主体对他人文艺产品的一种接受，所不同的是阅读的客体对象是图书、报刊以及橱窗、画廊、板报等载体所提供的阅览物。这种类型的活动客体除了文就是图。活动方式可以个体在各种时空进行，也可以集体性地在一定时空进行。

培训活动：指群众为提高自身思想文化素质和业务技能而自愿参加社会上举办的各类讲座、培训、补习等形式的活动。其中也包括文化艺术各门类的培训学习活动，这一类型的活动都是集体性的。

健身活动：群众文化范畴的健身活动包括群众业余体育、游艺等以益智壮体为主要目的的文化活动。这一类型的活动大都具有在智力上、技艺上的竞赛性，活动本身一般不具有思想意义。

对群众文化活动做以上类型的划分，是从其活动外部形态的共性上区别的一种分类方法。从其所包含的活动量来说，有大的类型和小的类型，但无论大小都是同类特征的活动组成的一个集合体。各种类型之间存在着相互作用、相互联结、相互依赖的内部联系；有的活动同时具有多种类型的特点。

四、群众文化活动总类

比活动类型更高的层次是群众文化活动总类。它是按活动主体在活动中的角色、地位的不同来区分的，大体上划为接受性群众文化活动和表现性群众文化活动两大总类。对群众文化活动样式不能区别出接受性和表现性，活动总类是对活动类型的归并。阅览活动、观赏活动、培训活动等归属于主体接受性活动；创作活动、表演活动、展览活动、健身活动等归属于主体表现性活动。

接受性群众文化活动是主体的输入性活动，活动目的旨在从活动客体上求取愉悦、知识和审美享受等。它是通过活动客体去认识客观世界的一种意识性活动。而表现性群众文化活动主要是主体的输出性活动，活动目的旨在通过创作文艺作品、塑造艺术形象、展示文化艺术成果来表现自己的思想情感、智慧和价值。健身活动大都具有竞比性质，也显示出表现自己的思想意识、文化修养、道德情感和艺术创造力的特征。诚然，接受性和表现性两大类群众文化活动是紧密地联系在一起的。接受中可提高表现能力，表现中可获得新的接受。有些活动中主体的接受角色和表现角色可能反复变换；有些活动把接受和表现紧紧交织起来；有的活动同时具有接受和表现两种性质。

群众文化活动总类之上的层次，自然是群众文化总体了。这一活动总体是由活动样式、活动类型和活动总类若干内部层次组成的统一体，是一个有机的系统。我们对博大庞杂、浩如烟海的群众文化活动进行系统的分析，其目的就在于明确各种活动特点，认识其内部规律和相互联系的特性，并准确地把握它们的演变趋向。总之，是为了提高人在群众文化活动中的自觉性和主动性。[①]

①黄丽．新时期群众文化研究[M]．银川：宁夏人民出版社，2014．

第三节　群众文化活动的原则与规律

一、群众文化活动的基本原则

(一)把满足最广大人民群众的需求作为根本立足点和出发点

中华人民共和国是工人阶级领导的、以工农联盟为基础的人民民主专政的社会主义国家,人民是国家的主人。社会主义文化是人民大众的文化,其本质是为人民服务。文化建设必须贯彻以人民为中心的发展思想,尊重人民主体地位,保障人民文化权益,促进人的全面发展。文化活动的规划与实施必须紧密围绕人民群众的实际需求,确保文化的普及性、参与性和普惠性,让文化成果惠及每一位社会成员。群众文化活动把满足最广大人民群众的需求作为根本立足点和出发点,体现了以人为本的发展思想,体现了对人民主体地位的尊重。

(二)坚持"业余、自愿、小型、多样、节约"的原则

"业余、自愿、小型、多样、节约"的原则旨在确保活动的广泛参与性、灵活性、丰富性以及可持续性。下面对这一原则的各要素展开论述。

业余指群众文化活动主要在业余时间进行,群众文化活动应主要面向非专业人员。业余原则强调文化活动的普及性和参与的普遍性,让每个人都有机会成为文化活动的创造者和享受者,从而达到丰富群众精神生活、提升文化素养的目的。

自愿意味着参与群众文化活动应基于个人意愿,不强制、不命令,尊重每个人的自主选择权。这一原则确保了活动的自发性和积极性,有助于激发群众的内在动力,使文化活动成为民众自觉追求和享受的过程,提高活动的质量和效果。

小型指提倡活动规模适中,易于组织和管理,便于更多基层社区和小团体开展,也能更好地满足人们的需求。小型活动降低了举办成本,减少了组织难度,同时也能更好地适应不同地区、不同群体的具体需求,增强

活动的针对性和实效性,同时也增加了活动的趣味性和吸引力。

多样强调活动内容和形式的多样性,以满足不同年龄、兴趣、文化背景人群的多元需求。多样化的文化活动能吸引更多参与者,使文化活动更具吸引力,丰富群众的文化视野,促进文化交流与融合,提升文化生活的品质。

节约即倡导节俭办文化活动的理念,合理利用资源,避免铺张浪费。在确保活动质量的同时,注重经济效益与社会效益的统一,通过创新管理、优化资源配置等方式,实现活动的高效运行。节约原则符合可持续发展的要求,有利于构建资源节约型社会。

这五个原则相互关联,共同构成了群众文化活动科学、合理、有效开展的框架。它们旨在促进文化活动的广泛普及,提升群众的文化参与度和满意度,同时确保文化活动的健康发展和长期繁荣。通过遵循这些原则,群众文化活动能够更紧密地联系群众,更有效地服务于群众的精神文化需求,为构建社会主义和谐社会和提升国家文化软实力作出贡献。

(三)坚持创新驱动原则

坚持创新驱动原则是指在组织、设计、实施文化活动时,积极寻求新的思路、方法和形式,以创新为核心驱动力,不断激发活动的生命力,满足人民群众日益增长的多元化、个性化文化需求,促进文化事业的繁荣发展。在群众文化活动中坚持创新驱动原则主要包含以下四个方面。

1.内容创新

群众文化活动内容上的创新主要表现在以下几个方面。

其一,群众文化活动的主题应紧密围绕社会热点和时代背景,如环保、健康、科技等,使活动更具现实意义和时代感。

其二,坚持群众文化活动文化形式的多样化,结合现代科技手段,如数字媒体、网络平台等,创新文化表现形式和传播手段,提升文化的现代性和传播效率。

其三,注重文化内容的深度挖掘,注重传统文化的传承与创新,挖掘和弘扬中华优秀传统文化,使之与现代文化相互融合,焕发新的活力。

其四,注重跨界融合。如文化与其他领域的融合,如科技、旅游、体育等，形成新的文化活动形式和内容，满足群众多样化的文化需求。

2.形式创新

群众文化活动形式上的创新主要表现在以下几个方面。

其一，活动形式的多样化。如线上与线下相结合、虚拟与现实相融合，打破地域和时间的限制，扩大活动的影响力和覆盖面。

其二，增强互动性。通过社交媒体、互动平台等技术手段，提高群众的参与度和互动性，使文化活动更加生动有趣。

其三，提升体验性。如沉浸式体验、互动式展览等，让群众在参与中感受文化的魅力，提升文化体验。

其四，注重个性化和定制化。根据不同群体的特点和需求，提供个性化的文化活动和定制化的文化服务，满足群众多样化的文化需求。

3.管理与运营创新

群众文化活动管理与运营方面的创新主要表现在以下几个方面。

其一，创新管理模式。如采用数字化管理、智能化管理等手段，提高管理效率和水平。

其二，运营机制的改革。如政府与社会力量合作、市场化运作等，形成多元化的运营模式，提高活动的可持续性和活力。

其三，服务方式的优化。如提供一站式服务、线上线下相结合的服务等，提升服务质量和便利性。

其四，注重文化品牌的打造，通过品牌化运营、IP化打造等方式，提升文化活动的知名度和影响力，吸引更多的参与者和社会资源。

4.人才培养与激励机制创新

群众文化活动人才培养与激励机制的创新主要表现在以下几个方面。

其一，通过设立专业培训课程和研讨会，提升文化活动参与者的专业技能和知识水平，培养一批具有创新思维和专业素养的文化人才。

其二，建立激励机制，如奖励优秀文化创作者和参与者，激发他们的积极性和创造力，同时提高他们的社会认可度和荣誉感。

其三，搭建人才交流平台，鼓励不同领域的文化人才之间的交流与合作，促进跨领域的创新与合作。

其四，注重培养和吸引年轻人才，如设立青年文化创客计划、青少年文化人才培养项目等，激发年轻一代的文化创造力和创新精神，为群众文化活动注入新的活力和创意。

（四）坚持社区和地方特色原则

群众文化活动的社区和地方特色原则强调活动的设计和实施要紧密围绕社区和地方的文化背景、历史传统和实际需求来展开。这一原则体现了对社区和地方文化的尊重和传承，确保文化活动能够真正反映社区和地方的文化特色和精神面貌。通过深入挖掘和利用社区以及地方的文化资源，如民间艺术、传统节庆、历史遗迹等，文化活动能够提供具有地域特色和文化内涵的产品和服务，增强社区和地方的凝聚力和自豪感，促进社区和地方文化的繁荣发展。同时，坚持社区和地方特色原则还能够促进文化多样性的保护和发展，形成各具特色的文化生态，为群众提供更加丰富多样的文化体验和享受。

（五）群众文化活动的重点应放在基层和农村

把群众文化活动的重点放在基层和农村，主要基于以下几个方面的考虑。

其一，基层和农村是中国人口的主体，特别是在一些欠发达地区，农村人口比例更高。基层和农村地区拥有庞大的群众基础，他们对文化生活的需求同样迫切。在这些地区开展文化活动，能够更好地满足广大人民群众对文化生活的需求，丰富他们的精神世界，对提升整个国家的文化素质和满足人民对美好生活的向往具有基础性作用。

其二，由于历史和现实的原因，基层和农村在文化资源、设施、服务等方面相对城市存在一定差距。因此，加强基层和农村文化建设，有利于缩小城乡文化差距，促进文化资源的均衡分配，为乡村振兴提供强大的精神动力和文化支撑。

其三，基层和农村是中国传统文化的重要载体，往往蕴藏着丰富的文化资源。通过群众文化活动，可以挖掘、保护和传承这些宝贵的文化资源，激发农村内部的文化创新潜力，形成独特的农村文化品牌。

其四，基层和农村是社会主义核心价值观传播的重要领域。通过群众文化活动，可以将社会主义核心价值观融入群众的日常生活中，使之成为人们的自觉行动，增强地区的凝聚力，促进社会和谐。

其五，文化建设是新农村建设的重要内容。通过加强基层和农村的文化建设，可以提升农村的整体面貌，促进农村经济社会全面发展。

其六，通过开展群众文化活动，可以培养一批热爱本土文化、掌握一定文化技能的新型农民和乡土文化人才，为农村的长远发展储备人才力量。

二、群众文化活动的基本规律

（一）群众文化需求与群众文化活动相互影响、相互制约

群众文化需求与群众文化活动之间存在着相互影响、相互制约的动态关系，这种规律可以从以下几个方面理解：

1.需求引导活动

群众文化需求决定着群众文化活动的发展，群众的文化需求是群众文化活动的起点和导向。在任何市场中，需求都是推动供给的关键因素。在文化领域，群众的文化需求决定了文化活动的方向和内容。只有满足群众的需求，文化活动才能吸引群众的参与，从而获得生命力。

2.活动塑造需求

群众文化活动的开展也能反过来塑造和引导群众的文化需求。群众文化活动的开展提供了多样化的文化产品和服务，这些供给的多样性能够满足不同群体的文化需求，同时也激发了群众对更多样化、个性化的文化产品的追求。另外，群众文化活动强调群众的主体参与，通过参与，群众能够更加主动地表达自己的文化意愿和需求，这种主体性的体验可以促进群众对文化活动的更高要求，从而推动文化需求的发展。

3.供需平衡

群众文化需求与供给之间应保持适度的平衡。如果文化活动供给不能满足群众的基本需求，会导致文化生活的贫乏；反之，如果供给过剩或不符合实际需求，会造成资源的浪费。因此，准确把握群众需求，合理规划文化活动，是提高文化服务质量的关键。供需平衡可以保证文化市场的健康发展，满足人民群众的精神文化生活需要，进而推动文化事业的繁荣发展。

4. 反馈与调整

群众对文化活动的反馈是衡量活动是否满足需求的重要依据。群众的反馈是他们对活动体验的直接回应，这些回应不受外部因素的影响，能够真实地反映群众的感受和态度。且群众的反馈往往包含具体的信息，如他们对活动内容、形式、组织、场地等方面的看法，这些具体意见有助于精确识别活动的优点和不足，为活动组织者提供了改进和调整的方向。收集群众对文化活动的反馈并进行调整不仅有助于评估和改进文化活动，还能够确保文化活动与群众的需求保持一致，从而促进文化服务的持续改进和文化产业的健康发展。

5. 创新驱动需求升级

在创新驱动下，新的文化活动形式和内容的出现，往往会推动群众文化需求的升级。例如，数字化、网络化技术的应用，使得在线学习、云展览等新兴文化活动形式成为可能，进一步提升了群众对高质量、便捷化文化服务的期待。

综上所述，群众文化需求与文化活动之间是相互作用、相互依赖的关系，两者需在动态调整中寻找最佳的匹配状态，通过相互作用，形成良性循环，从而促进群众文化活动的发展和水平上升。

（二）群众文化活动与政治、经济、社会、文化发展相互制约

群众文化活动与政治、经济、社会、文化发展之间存在密切且复杂的相互制约规律，这些规律具体表现为以下几点。

1. 经济基础决定上层建筑

经济作为社会的基础结构，对群众文化活动的类型、规模、内容和形式具有决定性影响。经济发展水平提高了，人们的生活水平随之提升，对文化生活的需求也会更加多样和高层次，从而推动群众文化活动的丰富与发展。

2. 政治导向与政策支持

政治环境和政策导向对群众文化活动的内容、方向和组织形式有着重要影响。政治稳定、政策鼓励能够为群众文化活动提供良好的外部条件，促进文化活动的健康、有序发展。反之，过于严格的审查或限制可能抑制文化创新和多样性。

3.社会结构与社会需求

社会结构的变化，如人口结构、城乡差异、教育水平等，影响着群众文化需求的结构和层次。社会的多元化、人口流动加速等现象，要求群众文化活动更加注重包容性、多样性和灵活性，以满足不同群体的特殊需求。

4.文化传承与创新

群众文化活动既是文化传承的重要途径，也是文化创新的源泉。它在反映和维护传统文化的同时，也通过新思想、新技术的融入，促进文化的现代化和国际化。这种传承与创新的互动，是推动社会文化持续发展的关键。

5.相互促进与制约

群众文化活动与政治、经济、社会、文化发展不是单向的影响，而是相互促进与制约的复杂关系。一方面，健康、活跃的群众文化活动可以促进社会凝聚力的增强、经济的间接增长、政治稳定和社会和谐；另一方面，政治的开放、经济的繁荣、社会的进步和文化的多样性也为群众文化活动提供了更广阔的发展空间和丰富的资源。

总之，群众文化活动不仅仅抒发人们内心的激动和喜悦，而且起到了政治释放器、经济助推器、社会调和器的作用，在政治、经济、社会生活各个领域产生了广泛而深刻的影响；而政治、经济、社会、文化的发展又为群众文化活动的发展创造了良好的环境和物质基础。

（三）群众文化活动与社会物质条件相互制约

群众文化活动与社会物质条件之间存在着密切的相互制约规律，主要体现在以下几个方面。

1.物质基础决定群众文化活动的规模和形式

物质基础是群众文化活动开展的前提和保障，它决定了群众文化活动的规模和形式。物质基础包括经济条件、场地设施、技术手段等，这些条件的充足与否直接影响到文化活动的开展。当物质基础雄厚时，可以提供更多的资源支持，如资金、设备、场地等，从而举办更大规模、更高水平的群众文化活动，提供更多样化的文化形式和内容，满足群众的文化需求。

相反，当物质基础薄弱时，群众文化活动的规模和形式会受到限制，只能开展一些小规模、低水平的活动，难以满足群众的文化需求。

2.技术进步促进群众文化活动创新

技术进步为群众文化活动创新提供了强大的动力和广阔的空间。随着科技的发展，新的技术手段和平台不断涌现，如互联网、社交媒体、数字媒体等，为群众文化活动的创新提供了丰富的工具和渠道。技术进步使得文化活动可以打破传统的时空限制，实现线上与线下相结合、虚拟与现实相融合，为群众提供更加便捷、多样化、个性化的文化体验。同时，技术进步也为文化创作和传播提供了新的可能性，如利用数字技术进行文艺创作、通过社交媒体进行文化推广等，使得文化活动更加富有创意和吸引力。

3.资源分配影响群众文化活动的质量

资源分配对群众文化活动的质量有着直接显著的影响。资源（资金、设施、人才等）的充足与否，决定了文化活动的策划、组织和实施的能力。当资源分配合理且充足时，可以为文化活动提供必要的物质和人力资源保障，确保活动的高质量进行，如吸引专业人才参与、使用先进的技术设备、提供良好的活动环境等。这样的资源保障能够提升活动的吸引力、专业性和教育性，从而提高群众文化活动的整体质量。相反，如果资源分配不足或不合理，可能会导致活动内容单一、形式陈旧、设施落后，无法满足群众多样化的文化需求，影响活动的参与度和满意度，降低文化活动的整体质量。

4.反馈循环促进物质条件改善

群众文化活动的开展及其效果，可以反馈到社会物质条件的改善上。成功的文化活动能够吸引投资、促进基础设施建设、提高地区的知名度和吸引力，进而吸引更多资源投入，形成良性循环。

5.适应与创造

在有限的物质条件下，群众文化活动也展现出了极强的适应性和创造力。群众文化活动能够根据实际情况，灵活调整活动内容和形式，如利用低成本、易于获取的资源，创造性地设计和开展活动，使文化活动更加贴近群众、贴近生活。此外,群众文化活动也能够充分利用社会资源和公众参与,实现资源的最大化利用和效果的最优化呈现。

6.文化消费与物质需求的相互促进

随着生活水平的提高,群众对文化消费的需求增加,这不仅推动了文化产业的发展,也促进了相关物质条件的改善,如文化设施建设的投入增加,反过来又为更高质量的文化活动提供了物质基础。

总的来说,生产力的发展为群众文化活动的开展提供了条件,物质生活水平决定着群众文化活动的水平;群众文化活动的功能释放又作用于社会物质生产。

三、群众文化活动的发展趋势

(一)主题更加鲜明

随着人民群众物质生活水平的不断提高,群众文化活动的主题更加鲜明,这主要体现在以下几点。

其一,彰显时代精神。群众文化活动越来越注重与时代背景相结合,通过活动主题明确传递时代精神,如弘扬社会主义核心价值观、展现改革开放成就、庆祝国家重大节日等,使活动具有更强的时代感和使命感。

其二,强化地域特色。活动策划时,更加注重挖掘和展示地方文化特色,利用本地的历史、民俗、艺术等元素,设计出具有浓郁地方风情的活动,增强活动的独特性和吸引力,促进地域文化的传承与创新。

其三,响应社会热点。紧跟社会热点问题,如环境保护、健康生活、科技创新等,使活动主题紧贴社会生活,引起公众共鸣,提升活动的社会参与度和影响力。

其四,群体针对性。根据不同年龄段、职业、兴趣爱好的群体特点,设计更为精准的活动主题,如青少年科技竞赛、中老年健康讲座、家庭亲子活动等,确保活动能更好地满足特定群体的文化需求。

其五,文化融合创新。在主题设计上,倡导多元文化的交流与融合,通过跨国界、跨文化的活动策划,促进不同文化背景人群的理解与沟通,如国际文化节、民族文化交流会等,展现了文化的多样性和包容性。

其六,价值导向明确。活动主题积极向上,强调正能量传播,如诚信友善、志愿服务、公益慈善等，引导公众树立正确的价值观念，营造良好的社会风气。

其七，互动性和参与性提升。通过互动性强的主题设计，鼓励群众从被动接受转为主动参与，如互动式展览、现场创作比赛、线上直播互动等，增强了活动的趣味性和群众的参与感。[①]

（二）常态化和制度化

群众文化活动的常态化和制度化是指将群众文化活动纳入日常社会生活和管理体系中，形成一种稳定、持续、规范的活动模式和管理机制。具体体现以下几个方面。

其一，建立健全的组织机构和管理制度。如设立专门的文化活动管理部门、制订文化活动规划和方案等，确保文化活动的有序开展。

其二，形成规范的活动流程和标准，如明确活动的目标、内容、时间、地点等，提高活动的专业性和规范性。

其三，加强文化活动的宣传和推广，提高群众的参与度和知晓度，形成良好的社会氛围。

其四，注重文化活动的效果评估和反馈，及时总结经验教训，不断优化文化活动的内容和形式。

（三）社会化

群众文化活动的社会化，是指在政府引导和支持下，广泛动员社会力量，包括企业、非营利组织、社区团体、个人等共同参与群众文化活动的策划、组织、实施和监督的过程。这一趋势反映了文化治理模式的转变，旨在构建政府、市场、社会三者协同共治的文化生态。群众文化活动社会化的具体表现和意义有以下几点。

其一，群众文化活动社会化表现为参与主体的多元化，不仅包括政府部门，还涉及社会组织、企业、社区和居民等多个主体，形成共同参与、共同发展的良好格局。

其二，群众文化活动社会化表现为活动内容的多样化，涵盖文化、教育、科技、环保等多个领域，满足不同群体的文化需求，促进文化的多元

①王灿．新形势下群众文化活动开展策略探讨[J]．参花（上），2024(13)：155—157.

发展。

其三，群众文化活动社会化表现为资源整合的优化，通过整合政府、市场和社会的资源，实现资源的最大化利用和效果的最优化呈现。

其四，群众文化活动社会化表现为社会影响的广泛性，文化活动的影响力和辐射面不断扩大，有助于提升公民的文化素质和社会文明程度，促进社会的和谐与进步。

（四）网络化

群众文化活动的网络化是指利用互联网、移动互联网、社交媒体以及其他数字技术手段，将传统的线下文化活动扩展到线上，或者直接在网络平台上创建全新的文化体验形式。网络化转型对于群众文化活动而言，不仅是技术层面的革新，更是文化传播理念和模式的深刻变革。群众文化活动的网络化主要表现在以下几点。

其一，使用线上平台。除了开展传统的线下活动，活动组织者还会利用官方网站、社交媒体、直播平台、云展览平台等线上渠道发布活动信息、直播表演、展示作品，甚至举办全虚拟的文化活动。

其二，数字内容创作与分享。鼓励群众创作短视频、图文博客、音频节目等数字文化内容，并通过网络平台分享交流，形成丰富的UGC（用户生成内容）生态，如网络征文、摄影大赛、才艺展示等。

其三，互动体验活动。利用网络技术提供互动体验，如在线问答、虚拟现实（VR）游览历史遗迹、增强现实（AR）体验传统文化、网络投票评选等，增强参与感和沉浸感。

其四，文化资源数字化。将图书、档案、艺术品等文化资源进行数字化处理，通过网络平台提供在线访问，方便群众随时随地学习和欣赏。

第二章　群众文化活动的队伍建设

第一节　群众文化活动队伍的组织方法与建设目标

人才是先进的文化与生产力的有力创造者与传承者。人才是我国文化事业健康发展的重要内驱力，群众文化队伍也是国家人才的重要组成部分。加强普通群众文化建设工作，可以更快地推动文化事业的发展。因此，各层的文化机构皆需积极参与群众文化队伍的建设工作。[①]

一、群众文化队伍的组织

（一）各级政府文化部门

根据我国的相关法律、法规和文化政策，本地域群众文化事业机构由各级政府文化部门负责管理。我国现行行政机构的组织方式主要体现为直线—职能制结构：中央政府对地方政府实行集权制下的分级管理，地方政府负责本区内的具体行政事务。国务院文化行政部门依据国务院规定的职责负责宏观管理全国文化馆事业。在各级人民政府内设立相关的文化管理职能部门，在同级政府的领导下，负责组织和管理文化方面的行政事务，并实施对群众文化队伍的管理。县级以上地方人民政府文化行政部门负责管理本行政区域内的文化馆事业。例如，各级人民政府所设的文化厅（局）、文化委员会分别负责对同级群众艺术馆或文化馆的管理。

（二）各级群众文化事业机构

各级政府设立的群众文化事业机构，即各级群众艺术馆、文化馆、综合文化站，负责承担对本地域内基层群众文化组织和团队的组织、管理、协

①乃提帕•莫合买提．加强基层群众文化队伍建设的措施[J]．文化学刊，2018(09)：147—148.

调、指导和辅导的任务。在同级政府文化部门的领导下，由本级群众艺术馆、文化馆、综合文化站负责组织群众文化的专业人员，根据相应的专业类别和职能，对地域内的群众文化基层组织和群众文艺团队进行组织、管理和日常辅导。同时可建立由馆、站直接管辖的群众文化组织和团队，并定期开展群众文化活动。

（三）上级群众文化事业机构

根据我国群众文化事业的现行管理办法，上级群众文化事业机构与下级群众文化事业机构是业务指导关系，承担对下级群众文化事业机构的业务指导。履行指导职责的方式主要通过业务辅导、培训、调查研究、指导下级群众文化活动等手段来完成。下级群众文化事业机构需要配合并落实上级群众文化事业机构组织开展的业务活动，完成信息报送、活动组织、作品推荐等具体工作。

（四）人民团体、社会组织设立的群众文化机构

除了政府文化部门群众文化队伍的组织体系以外，工会、共青团、少先队、妇联、残疾人联合会（以下简称“残联”）、老干部管理部门等群众团体、社会组织也设有相应的群众文化机构。这些群众文化机构则承担对本系统群众文化组织和团队的组织、管理、协调、指导和辅导的任务。在群众文化队伍的管理实践中，各级政府设立的群众文化事业机构是面向整个辖区所有群众开展群众文化服务，而群众团体、社会组织所设立的群众文化事业机构则只负责对本系统的群众文化组织和团队提供服务。两类群众文化事业机构既有联系，又有区别。妥善处理好两者之间的关系，可以有效地促进群众文化事业的繁荣和发展。

（五）各级政府文化部门及相关单位

随着人民群众文化娱乐需求的不断提高，在公园、街头等公共活动场所出现了许多自发组建的群众文艺团队。这些文艺团队已经成为群众参加文艺活动的重要载体，在群众文化活动中发挥着重要的作用。各级政府文化部门，活动场地所在的公园管理机构、街道办事处，应将这些活跃在公园、街头的群众文艺团队纳入自己的管理范围，并有效地进行引导和指导。

二、群众文化队伍的建设目标

（一）为群众文化发展提供坚实的人才保障

抓好群众文化人才培养，营造有利于优秀人才脱颖而出的体制机制和社会环境，建设一支规模宏大、素质较高的群众文化工作队伍，为群众文化发展提供坚实的人才保障是群众文化队伍的重要建设目标。

人才资源是第一资源。群众文化队伍需要一批有知识、有文化、专业水平高、责任心强、热爱群众文化事业的人才。要使群众文化所需的人才能够源源不断地充实到群众文化队伍中来，就需要进一步完善群众文化人才的管理体制和用人机制。目前，我国群众文化队伍的人员结构虽然较以往有了很大的改善，一批专业院校毕业的大学生、研究生不断地补充到群众文化的队伍中来，但现行人事管理制度仍有许多不够完善的地方，制约了群众文化队伍的发展和进步。

（二）建立健全政策措施和制度保障

建立和完善群众文化队伍培养的政策措施和保障制度主要体现在以下几个方面。

规划引导：即强化对建设高素质人才队伍的职责意识。政府文化部门应成立群众文化人才建设领导小组，制订群众文化人才工作实施规划，将群众文化人才工作纳入基层领导班子目标考核责任制。同时，对群众文化事业要准确定位，在政策法规上规范群众文化人才的发现、培养和使用。

培养选拔：就是将群众文化人才按照专业、能力等方面进行分类，开展有针对性地培养；创新培养方式，采取形式多样的培训方法；通过推行公开选拔、竞争上岗等制度，大胆发现并积极培养群众文化人才。

合理使用：即坚持以人为本，不断地创新和改革用人机制。实行职业资格管理制度，实行全员聘用制和岗位管理制。根据群众文化人才的特点，最大限度地发挥其所长，保证人尽其才；同时，应注意不断提高群众文化人才的政治、经济和社会地位。

科学评价：即建立社会公认的群众文化人才评价制度和以行业公认的业绩为衡量标准的人才考评机制。对群众文化人才的评价，应按照不唯学历、不唯职称、不唯资历、不唯身份的要求，建立人才综合测评体系，将人才的贡献、业绩、能力作为人才的主要评价指标。

创新管理：即建立起与社会主义市场经济相适应、与促进文化事业大发展大繁荣相适应的人才发展机制和人事管理体制，建立群众文化人才的考评机制、用人机制和激励机制，建立群众文化专业技术人员职业资格证书制度。群众文化专业技术人员职业资格证书制度是进入群众文化的职业前应取得的职业资格。群众文化专业的从业人员从属于社会文化指导员（师）职业，可将群众文化从业人员按照社会文化指导员职业资格的认定制度，分为初级、中级、高级社会文化指导员和社会文化指导师等层级。

（三）加强对从业人员的规范化管理

加强对从业人员的规范化管理，运用多种方式加大培训、轮训力度，着力提高群众文化队伍的思想政治素质和新形势下做好群众文化工作的能力。

群众文化从业人员是指在群众文化事业机构中工作并取得工资或其他形式劳动报酬的人员，即各级群众文化事业单位的工作人员。群众文化从业人员大体可分为三类：一是群众文化机构从业人员，这些人员工作在专门的组织、辅导、研究群众文化的公益性文化单位，例如省市设立的群众艺术馆、县设立的文化馆、农村乡镇和城市街道设立的文化站。他们的主要职能是通过开展群众文化工作对社会进行审美教育和群众文化的艺术普及，提高公民素质，促进社会的全面进步和发展。二是基层群众文化队伍。例如在北京市，文化馆围绕“十四五”时期文化发展规划及年度文化工作要点，对基层群众文化队伍进行培训，包括文化馆（站）从业人员、基层文化组织员、全市基层文化管理者等。这些人员通过培训提升公共文化服务水平，涉及的课程包括音乐、舞蹈、戏曲、书法、摄影知识、中华传统文化解读等。三是群众文化指导员，这是《中华人民共和国职业分类大典（2022年版）》中的一项职业分类。群众文化指导员主要从事群众文化艺术传授、文艺表演和创作指导，搜集、整理和开发民间文化艺术等工作。他们通常在文化馆（站）、乡镇（街道）和村（社区）基层综合性文化服务中心、村（社区）文化室、工人文化宫、青少年宫、妇女儿童活动中心、老年人活动中心等机构及社会文化艺术类校外培训机构、艺术团体工作。对这三种人员应当区分情况，采取不同的方式进行管理。

对群众文化从业人员的管理，应在建立健全群众文化人才引进、培养、选用工作机制的基础上，针对不同专业和门类的特点，加强分级分类指导，实行动态管理，并不断加大管理力度，注重在实践中发现和培养人才。同时，应建立严格的人才绩效考评制度，将群众文化从业人员的工作情况纳入年度绩效目标考核之中；要强化对群众文化从业人员的培训，把培训的重点放在提高思想政治和业务素质以及新形势下提高做好群众文化工作的能力等方面。

（四）吸引各类优秀人才进入群众文化领域发展

群众文化工作的重心应该放在基层。要解决基层群众文化人才资源不足的问题，鼓励高校毕业生以及专业文艺院团改革中的分流人员到基层从事群众文化工作是一条重要的途径。如农村中“大学生村官”从事群众文化工作、城市中专业文艺院团及社区中的文艺人才在社区中担任文化指导员，都对基层群众文化活动的开展起到重要的推动作用。

吸引各类优秀人才从事基层群众文化工作还可以采用如下办法：一是对基层群众文化事业机构的空缺岗位实行社会招考录用，特别注重从社会各界发现具有文艺特长和实际工作经验的群众文化人才，通过聘用考核，安排到基层群众文化事业机构去工作。二是在群众文化系统中建立人才选拔调动机制，对上级部门或单位的职位和岗位空缺，可采用从基层群众文化机构选调拔尖人才的办法，以此激励在基层工作的优秀人才奋发进取；即使进入上一级机构工作的群众文化优秀人才，也应鼓励和选派他们到基层锻炼或工作，借以积累工作经验，促进优秀人才的合理流动。三是对于在群众文化领域工作多年的群众文化工作者，应鼓励他们到基层挂职，以此推动基层群众文化工作水平的提高。四是提升基层文化场所的工作条件，包括硬件设施和工作环境，使工作人员能在更好的条件下开展工作。五是通过举办各种文化活动、节庆赛事等，提升基层群众文化工作的影响力，营造良好的氛围，吸引更多人才关注并投身基层群众文化工作。

（五）建设专兼职群众文化工作队伍

基层文化骨干和文化能人是群众文化队伍的重要构成，也是群众文化工作的有生力量。他们活跃在社区、农村中的群众文艺团队、特色文化户（家庭）等，对推动群众文化活动起着关键作用。因此，应当紧紧依靠和充分发挥这些文化骨干和文化能人在基层群众文化活动中的作用，不断壮大专兼职的群众文化工作队伍。

建设专兼职群众文化工作队伍可采用以下方法：一是选拔和培养一批热爱群众文化工作的专职人员，他们具备专业知识和技能，能够承担群众文化活动的策划、组织和实施工作。二是充分利用社区（村）内的文化人才资源，鼓励他们积极参与群众文化活动，担任兼职文化工作者，充分发挥不同人员在群众文化活动中的优势，形成工作合力，提高管理效率。

第二节　群众文化活动专业队伍的管理

一、群众文化专业队伍的基本概念

群众文化专业队伍有广义、狭义之分。广义的群众文化专业队伍是指日常从事群众文化工作，具有一定专业知识和技能的各类群众文化事业单位的工作人员，包括各级文化馆（群众艺术馆）、综合文化站以及人民团体、社会组织专门设立的从事群众文化工作的文化中心（文化宫）、青少年宫等机构的人员。

狭义的群众文化专业队伍，则是由群众文化事业单位中专职从事群众文化专业技术工作和管理工作的人员组成，主要包括群众文化从业人员中的第一类人员和第二类人员，即群众文化事业机构的管理人员及专业技术人员。2007年人事部、文化部印发的《关于文化事业单位岗位设置管理的指导意见》第10条规定：主要以专业技术提供社会公益服务的文化事业单位，应保证专业技术岗位占主体。文化馆（站、中心）、群众艺术馆等文化事业单位，专业技术岗位一般不低于单位岗位总量的70%。2011年公布的《群众艺术馆、文化馆评估标准》必备条件中也明确规定：地(市)级以上群众艺术馆、文化馆的业务人员不低于全馆人员总数的60%，县级文化馆业务人员不低于全馆人员总数的65%。

二、群众文化专业队伍的组建

群众文化专业队伍由各级政府或由工会、共青团、妇联、残联等人民团体负责组建，由各级政府文化部门或各类人民团体、社会组织的相关部门承担人员管理职责。

群众文化专业队伍的组建涉及人员来源、人员构成和人员管理三个方面。

(一)人员来源

根据《事业单位公开招聘人员暂行规定》："事业单位新进人员，除国家政策性安置、按干部人事管理权限由上级任命及涉密岗位等确需使用其他方法选拔任用人员外，都要实行公开招聘。"因此，群众文化事业单位应采取面向社会公开招聘的方式，扩充群众文化专业队伍。公开招聘应坚持德才兼备的用人标准，贯彻公开、平等、竞争、择优的原则，并应根据群众文化业务所需的专业，注重对拟用人选才艺、业绩和实际工作能力的考核。招聘方法为：一是公开发布招聘信息。包括用人单位情况简介、招聘岗位、招聘人员数量及待遇、应聘人员条件、招聘办法、考试考核的时间(时限)、内容、范围、报名方法等事项。二是资格初审。根据拟聘条件对应聘人员的资格条件进行审查，确定符合基础条件的人员。三是考试、考核。可采用笔试、面试等多种方式，即根据群众文化专业和拟聘岗位的特点确定考试科目和办法，重点进行专业知识、业务能力和工作技能的考查。一般初审合格者可参加由相关专业机构组织的公共科目笔试；笔试合格者可参加各用人单位进行的专业技能测试或面试；急需引进的高级专业人才，可采取直接考核的方式招聘。四是复查。对通过考试的应聘人员，进行思想政治表现、道德品质、业务能力、工作实绩等的考核，并对应聘人员的资格条件进行复查。五是拟定人选并公示。即组织相关人员集体研究，按照考试和考核结果择优确定拟聘人员，并在适当范围公示7—15天。六是正式聘用。按照人事管理权限报批或备案，由法定代表人(或受委托人)与受聘人员签订聘用合同，确立人事关系。

（二）人员构成

群众文化专业队伍的人员应由在群众文化事业单位中专门从事群众文化艺术及相关业务的专业人员所构成，既包括文化馆（站）的专业人员，也包括其他群众文化事业机构的专业人员。以政府设立的群众艺术馆、文化馆的专业人员为例，根据2011年《群众艺术馆、文化馆评估标准》确定的艺术门类及相关功能的配备要求，群众文化专业人员应涵盖文学、音乐、舞蹈、戏剧、曲艺、美术、书法、摄影及非物质文化遗产（民族民间文化遗产）、群众文化理论以及演出设备管理、数字化服务设备管理10个艺术门类及职能。同时要求群众艺术馆、文化馆应保证各专业门类及功能配备齐全，并保证其中部分门类及职能配备专门人员。每个门类及职能的专业人员数量可根据群众文化事业单位的具体情况而定。同一个艺术门类的人员配备，应尽量兼顾不同的专业，如群众舞蹈应配备民族舞蹈、芭蕾、国际标准舞等专业人员，群众音乐应配备声乐、器乐、指挥等专业人员。不必强求每一艺术门类的不同专业都配备一名专业人员，但群众文化专业人员应能做到一专多能。对于县级文化馆，应根据人员编制合理配置相关门类及职能的专业人员。对于综合文化站，由于人员编制的限制，不可能配备艺术门类和职能齐全的专业人员，可根据自身条件和地域特色，优先配备受众群体广泛、群众辅导活动需要的相关艺术门类和职能的专业人员。

（三）人员管理

按照国家关于事业单位管理的相关规定，群众文化专业队伍的管理应实行人员聘用制度和岗位管理制度。群众文化事业单位的业务人员需经过培训考核合格后持证上岗。在专业人员管理上，推行岗位职级管理制度及与之相配套的人员聘任制度、工资分配制度和社会保障制度，将人员由身份管理转变为按岗位职级分类管理。个人待遇与所在岗位的工作量、工作难度、责任大小挂钩，实行“级随岗走、薪随岗变”，强化绩效管理，鼓励专业技术人员向专业能手发展。

在人员聘任上，应按照“按需设岗、按岗聘任、签订聘约、优胜劣汰”的要求，科学设岗，严格考核，全面推行聘约管理。应根据群众文化专业队伍的不同专业类别和不同岗位，进行分类细化管理，实行不同的考核办法，科学设岗、竞聘上岗、评聘分离、以岗定薪、岗变薪变。

此外，应打破现行的单一的职称评审制度，实现群众文化职称资格社会评审、文化馆（群众艺术馆）专业技术职务按岗聘任和社会文化指导员职业资格认证制度三者并行的人员管理制度。改革管理制度有助于提高群众文化专业队伍的管理效率，激发队伍的活力，提升服务质量。

三、群众文化专业队伍的标准

群众文化专业队伍的人员应符合如下的三项基本标准。

（一）良好的政治思想素质

群众文化工作者所从事的是社会审美教育，因此对群众文化专业队伍的人员要求具备良好的政治思想素质。一是要热爱群众文化工作，具备强烈的事业心和责任感，拥有良好的职业道德和职业操守。二是拥有良好的思想品德以及正确的人生观和价值观，能够为人师表，成为“人类灵魂的工程师”，并能够正视和解决自身存在的问题。三是面对复杂的社会现象，应具备较强的识别能力和判断能力，坚持弘扬真善美，摒弃假恶丑。四是具备亲和力和强烈的服务意识，以及无私的奉献精神。这些素质对于群众文化工作者来说至关重要，它们不仅有助于提升群众文化工作者的工作效率，也有助于提升群众文化工作者在社会中的影响力和认可度。

（二）较强的专业技术能力

群众文化专业人员需要具备较强的专业技术能力，主要包括以下几点。

其一，专业知识。群众文化专业人员需要掌握相关的专业知识，并加强对各种相关学科专业知识的学习，以提升自身专业知识的水平。

其二，组织操作能力。群众文化专业人员需要具备策划、指挥、辅导、教学等群众文化活动的组织操作能力。这包括策划活动的能力、指挥活动进行的能力、辅导参与者提升的能力以及教学相关知识的能力。

其三，专业理论修养。群众文化专业人员应具备一定的专业理论修养，包括分析问题和解决问题的能力。这有助于他们在实践中更好地理解和应用理论知识。

其四，专业技能。群众文化专业人员需要具备较强的专业技能，拥有至少一项群众文化的专业特长。这包括进行群众文化传播的技能和进行群众文化理论研究的技能。

具备以上能力，群众文化专业人员才能够更好地服务于群众文化工作，推动群众文化事业的发展。

（三）必要的从业资格

群众文化专业人员需要取得必要的从业资格：一是要求群众文化专业人员必须具备一定的专业学历；二是通过群众文化专业技术知识和能力的考核。

2011年，国家人力资源和社会保障部发布了12批新职业的划分方法，“在群众性社会文化活动中，从事文化艺术传授、文艺表演和创作指导，整理、研究和开发民间文化艺术的人员”的职业名称被定名为“社会文化指导员”。其从事的主要工作内容被定义为：对社会文化活动进行咨询与指导；对社会文化活动进行专业能力辅导；策划、组织、排练各种演出；策划和实施群众性文化活动；管理和使用社会文化活动所需要的场地、设备、器材、服装、道具等；抢救、保护和开发利用民间民俗文化遗产。从这一意义上说，现行群众文化事业机构的专业人员，都可以划归到“社会文化指导员”这一职业范畴。目前，国家统一定名的“社会文化指导员”的职业名称尚未规范和推广，以“社会文化指导员”定名的职业资格考试也尚未开设，但未来对群众文化全行业的职业规范之路将成为必由之路。

四、群众文化专业队伍的培训

加强公共文化服务的人才队伍建设，提高群众文化专业队伍的服务水平，是各级政府文化部门的职责。从这个角度看，群众文化专业队伍的培训应由各级政府文化主管部门负责。因此，各级政府文化部门应当根据党和国家的文化政策、时代要求，结合群众文化专业队伍的整体水平、共性特点和薄弱环节，有针对性地开展岗位培训和继续教育。

群众文化专业队伍的培训内容应包括：国家有关文化方面的政策和法律、法规，公共文化服务体系建设及有关群众文化的基础理论和专业知识,各类群众文化艺术的各种专业知识和技能等。国家有关文化方面的政策和法律、法规是群众文化健康发展必须遵循的基本原则和规定。只有准确地把握国家有关文化建设的目标任务、政策规定,才能保证群众文化工作不偏离社会主义先进文化的前进方向。因此,强化对国家有关文化政策和法律、法规的培训,是提高群众文化专业队伍工作水平的基本保证。

对群众文化专业队伍的培训,应注意抓好三个环节。一是根据人员的岗位类别分类进行。群众文化事业单位的岗位主要分为管理岗、专业技术岗和工勤技能岗。三种岗位的职能特点都有明显的区别。因此,举办培训应区别对待,设置不同的培训班种和培训内容。培训课程可分为公开课和专业课。公开课以公共文化知识为主,所有人员均可参加;专业课则应侧重不同岗位的不同需求,以不同岗位的不同知识为内容。二是根据专业技术人员的职称层次开设培训班种和课程。可根据初、中、高级不同职称的人员,分别开设基础班、提高班和研修班。三是对群众文化专业队伍的培训应进行考核。即根据不同岗位和不同的专业技术门类,采取不同方式的考核方法,组织相应的展示和表彰。

五、群众文化专业队伍的考核

群众文化专业队伍的考核是群众文化队伍建设的重要方面。考核一般以考量从业者的工作业绩和工作态度为主,通常以岗位职责或工作说明书作为衡量绩效的标准。考核的内容应符合岗位的实际需要,主要包括德、能、勤、绩四个方面,以考核工作业绩为重点。

德:指工作态度和职业道德。即做到遵纪守法、敬岗爱岗,有良好的职业道德和政治思想品德。应主要从群众文化工作的角度去考核从业者的敬业精神和工作责任心,考核从业者的社会主义觉悟和相应的法律道德意识。

能:指工作能力和创新能力,包括从业者的体能、学识、智能和专业技能等内容。群众文化工作要求从业者要做到“懂”,即要做到懂群众,懂群众文化,懂专业艺术,能够了解和掌握群众的文化需求,具有较强的群众文化专业知识、技能和所需要的基本能力。考核的重点应放在对从业者调研能力、创作能力、学习能力的评定上,同时应检查专业技术人员参加继续教育学习的情况。

勤:指服务意识和工作态度,即从业者的工作积极性、责任心、纪律性和自觉性。群众文化从业者应具有服务意识,肯于并乐于为群众做好群众文化服务。考核时应着重检查从业者的履职态度、劳动纪律和出勤情况。

绩:指工作效率和效果,又称为绩效,是工作数量与质量的统一。包括从业者在岗位上完成工作的数量、质量、成本、社会效益或经济效益,以及专业技术人员获奖、发表论文、获得专利、出版论(译)著等情况。岗位外的绩效也是绩效考核的重要构成。考核时应重点检查从业者完成本职岗位任务指标的情况以及所取得的工作成果。

提高群众文化专业队伍的考核质量,需要研究和制订科学的考核指标体系,制订和完善、严格、规范、可操作性强的考核办法,充分体现考核过程和考核结果的客观性、公正性和全面性。①

第三节　群众文化活动社团组织的管理

群众文化(艺术)社团组织通常是在政府指导下,群众根据自身的文艺兴趣和专长,按照自愿组合的原则,具备成员共同认可的组织章程,以交流文艺技能、开展文化活动等为手段,以丰富业余文化生活、强身健体、宣传地区文化、促进社会主义精神文明建设等为目的而组成的群众文化(艺术)团体。在一般意义上,群众文化(艺术)社团组织指的就是群众文艺团队。群众文化活动社团能够在自治的基础上,整合社会资源,与政府之间形成良好的互动关系。②

一、群众文化(艺术)社团组织的作用

(一)团结凝聚群众文化爱好者

群众文化(艺术)社团是人们为了满足自身的文化需求而建立起来的

①谢桂领,许珏芳,何立营.文化工作与群众文化建设研究[M].长春:吉林人民出版社,2020.

②吕海涛.公民社会与我国社会治理创新研究[D].天津:天津师范大学,2015.

共同活动的组织。它通过群众文化固有的沟通效能、吸引效能和激励效能，促进社团内部与外部的相互交流，起到团结、凝聚群众文化爱好者的作用。许多群众文化(艺术)社团都是凭借着这种特殊的作用，从最初的几人、十几人，逐渐扩展为几十人甚至几百人，吸引了越来越多具有相同志趣的群众文化爱好者参与其中。这种扩展不仅体现了社团的吸引力和凝聚力，也反映了群众对文化活动的需求和参与热情。

群众文化(艺术)社团通过组织各种文化活动，如演出、展览、讲座等，不仅丰富了社区的文化生活，也为成员提供了一个展示和提升自己的平台。同时，社团的活动也促进了成员之间的交流与合作，增进了彼此的了解和友谊。总的来说，群众文化(艺术)社团在满足群众文化需求、促进文化交流和增强社区凝聚力方面发挥着重要作用，是连接群众和文化的桥梁，是推动社区文化发展的重要力量。

(二)搭建群众参与文化活动的平台

群众文化(艺术)社团通常会选择相对固定的活动场所作为经常开展聚集性活动的地点，这不仅为社团成员提供了一个彼此认同的活动去处，也通过社团组织的活动带动和感染更多群众参与群众文化活动。

固定的活动场所为社团成员提供了一个固定的活动空间，有助于社团活动的持续性和规律性，从而提高了社团活动的质量和效果。这种固定的活动场所也有助于形成一个稳定的文化社区，促进社团成员之间的交流和互动，增强社团的凝聚力和影响力。此外，固定的活动场所还可以作为社团对外展示和交流的窗口，吸引更多的群众参与到社团活动中来。

(三)推动群众文化活动的开展

群众文化(艺术)社团的活动对于推动群众文化活动的广泛开展具有重要作用。政府文化部门和社会文化机构举办的各类群众文化活动，通常需要群众文化(艺术)社团的参与，它们构成了群众文化活动的主要力量。

群众文化(艺术)社团自身具有的组织性和活跃性，也为主办方举办群众文化活动提供了诸多便利条件。社团通过对文化艺术的传播和传递，如同星星之火，有效地推动了群众文化活动的开展，不仅丰富了社区的文化生活，也提升了群众的文化素养，对于构建和谐社会和促进文化多样性具有重要意义。

(四)提高群众文化活动的水平

群众文化(艺术)社团由于共同的审美需求和荣誉感,活动开展较为频繁。加上骨干成员的号召力和专业力量的指导,社团能够发挥团队的整体优势,有效地开展学习、交流、排练、演出等活动。这些活动有助于提高群众文化活动的水平,使社团成员在艺术技能和表演水平上得到提升。

社团开展的活动不仅丰富了社区的文化生活,也为成员提供了一个展示和提升自己的平台。通过定期的排练和演出,成员们可以不断提高自己的艺术水平。此外,这些活动也能更好地满足社区的文化需求,提升社区的文化氛围,为群众的自我提高营造良好的环境。

(五)促进社会成员间的和谐

群众文化(艺术)社团依据共同的兴趣和爱好,通过定期和有益的活动,在公共活动场所发挥强大的正能量。其举办的活动不仅可以有效地增进人际交往,增进团队成员之间的交流与理解,消除潜在的矛盾,还能增强成员的社会荣誉感和集体荣誉感,从而促进社会和谐。

通过参与社团活动,成员们可以在共同的兴趣领域中相互学习和成长,同时也可以在活动中表达自己的艺术才能和个性。这种积极的社交和艺术交流有助于营造文化氛围,增强成员凝聚力,促进社会的和谐与稳定。

二、群众文化(艺术)社团组织的特点

(一)群众参与的广泛性

群众文化(艺术)社团的数量众多,能够满足不同年龄和不同层次人群的文化娱乐需求,并吸引众多群众文化爱好者参与。这些社团扎根于基层,服务大众,准入条件一般较低,几乎所有符合基本条件的人都有机会加入。

群众文化(艺术)社团的活动内容非常丰富,主要包括文学、音乐、舞蹈、曲艺、戏曲、小品、书法、美术、摄影等文化艺术类别。此外,还有一些群众喜闻乐见的活动样式,如灯谜、集邮、手工技艺、读书会等。这些活动

的多样性和丰富性，使得群众文化（艺术）社团能够满足不同人群的文化兴趣和需求，为社区和基层群众提供了文化交流和自我展示的机会。

（二）社团组建的自发性

群众文化（艺术）社团通常由群众文化积极分子自发组建，并依赖团队骨干的积极性来维持生存。这种自发性主要源于群众对文化艺术的热爱以及学习、提高、交流和展示的需求，旨在达到审美教育和自我开发的目的。群众文化（艺术）社团的自发组建、自愿参加和自我管理的模式，有助于团队的自我成长和发展。

但是作为群众文化机构组建的群众文化（艺术）社团，需要接受所属群众文化机构的登记备案和监管。这有助于确保社团活动的正规性和社团的健康发展，同时也有助于社团更好地融入和利用群众文化机构的资源和支持。通过监管和协作，群众文化（艺术）社团能够在满足成员需求的同时，为社会文化的发展作出积极贡献。

（三）社团成员的内聚性

群众文化（艺术）社团通常具有一定的内聚力和行为的一致性，并拥有行为规范和约定俗成的奖惩规范。在社团内部，由于技艺专长、组织协调能力和综合素质等因素，可能会自然形成一些具有威信的核心人物。这些核心人物通常拥有一种自然的影响力，能够形成显著的内聚力。也就是说，在核心人物周围会有一批自觉维护社团核心利益和目标的骨干成员。在这些骨干成员的带动下，社团成员通常具有较强烈的集体意识和从众倾向。这种凝聚力有助于社团内部成员之间的协调与合作，提高社团活动的效率和质量。同时，也有助于社团在面临外部挑战时保持稳定和团结，推动社团的长期发展。

（四）活动规律的灵活性

群众文化（艺术）社团的参加成员、活动方式和活动地点通常处于相对稳定的状态。然而，当外部环境发生变化时，这些因素可能会发生改变。由于群众文化（艺术）社团的活动基本属于业余性质，它们通常在工作、学习之余或在离退休后的闲暇时间进行，因此在时间和精力投入以及对活动的要求上相对宽松，受主客观条件的制约较少，活动规律相对比较灵活。

这种灵活性使得群众文化(艺术)社团能够适应各种外部环境的变化,同时也为参与者提供了更多享受文化活动的机会。然而,这种灵活性也可能带来一定的挑战,如活动组织、场地安排等方面的不确定性。因此,社团需要根据实际情况灵活调整活动安排,以确保活动的持续性和吸引力。

(五)组织者的权威性

一般群众文化(艺术)社团的组织者通常具有一定的号召力和影响力。这是因为组织者往往是社团的倡导者、发起者,他们拥有较强的专业艺术技能和活动组织能力,同时具备较强的人际关系,在社团中享有较高的威信。因此,他们被视为社团的灵魂人物,对社团的进步和发展起着重要的制约作用。

此外,由于社团是自发、自愿形成的产物,其凝聚力来源于共同的兴趣、爱好和追求等精神需要,以及感情和共鸣作为纽带。在这样的群体中,组织者的无偿付出和巨大的精力投入,也在一定程度上决定了他们所具有的权威性。

(六)保障条件的不确定性

群众文化(艺术)社团自发形成的性质决定了它们会面临一些潜在的不确定因素。加上一般群众文化(艺术)社团通常存在成员流动性大、需求不稳定、经费无保障、任务不明确等问题,特别是由于缺乏固定的经费来源,活动场地和设备也无法得到保证,种种因素在很大程度上加剧了社团的不确定性,使得大多数群众文化(艺术)团队面临艰难的处境。

随着各级政府对群众文化(艺术)社团重视程度的提高,社团在活动场地、业务辅导等方面的基本保障条件有所改善。社团自身也多利用公园、广场等公共场地开展活动。然而,潜在的不确定性仍然在很大程度上制约着社团的生存和发展。因此,为了更好地支持和发展这些社团,需要进一步加强对它们的资源支持和政策扶持,以促进其健康、稳定的发展。

三、群众文化(艺术)社团组织的组建

群众文化(艺术)社团从性质上说属于社会团体类别,但与政府有关部门和其批准授权成立的政治性社团组织不同。群众文化(艺术)社团可以

由有关部门和单位负责组建和管理，也可由社会成员自我组建和管理。群众文化（艺术）社团一般与当地政府文化部门没有行政上的隶属关系，但需接受政府文化部门的管理、指导和监督。群众文化（艺术）社团组织的组建主要有以下五种类型。

（一）由群众文化事业单位组建和管理

由群众文化事业单位组建和管理，指的是文化馆、文化站、青少年宫、工人文化宫、老干部活动中心等群众文化事业机构组建和管理的群众文化（艺术）社团。这类社团通常需要在群众文化事业机构备案，具备一定的专业水准，活动也较为正规。

以文化馆办群众文化（艺术）社团为例，这类社团分为不同的艺术类别，组建和管理的难易程度也有所差异，大致可以分为三种模式。

一是文化馆业务人员具体组建和负责日常管理。社团负责人及一切活动和管理均由文化馆业务人员负责，这需要相关人员投入大量的时间和精力。

二是社团已具规模和实力。社团有自己的组织机构和负责人，文化馆主要负责安排业务人员进行辅导。

三是挂靠在文化馆的社团。社团内部组织机构比较健全，日常活动主要利用文化馆的设施场地，并以文化馆的名义开展。文化馆主要负责实施检查指导，保证活动方向，并提供必要的服务。

由群众文化事业单位组建和管理的方式有助于提高社团的专业性和规范性，同时也有利于利用文化事业单位的资源，推动群众文化（艺术）社团的发展。

（二）由街道、乡镇一级机构组建和管理

由街道、乡镇一级机构组建和管理指的是由街道（政府派出机构）和乡镇政府委派相关职能部门组建和管理的群众文化（艺术）社团。这类社团通常承担协助当地政府完成文化宣传方面的任务，在当地组织开展的群众文化活动中，以地域群众文化团队的名义参加，并可能得到当地政府部门不定形式的资金或物力支持。随着“政事分开、管办分离”等改革措施的进一步深化，街道、乡镇政府需要改变管理方式，通过行政、经济等手段进

行宏观管理，以促进群众文化（艺术）社团的发展。这种管理模式有助于提高社团的自主性和活力，同时确保社团活动的质量和效果。

（三）由社区居委会、村委会组建和管理

由社区居委会、村委会组建和管理指的是社区居民委员会、村民委员会为活跃地域群众文化生活而组建和管理的群众文化（艺术）社团。社区居委会和村委会都是自我管理、自我教育、自我服务的基层群众自治组织。这些社团多为满足群众自娱自乐的需求而设立，组建程序简便，限制条件较少。在实行自我管理的同时，一般由社区（村）文化室具体负责日常管理。这类社团的活动可以有效提升社区和乡村的文化氛围，增强居民和村民的文化生活，促进社区和乡村的和谐发展。

（四）由企事业单位、社会团体组建和管理

由企事业单位、社会团体组建和管理，指的是为满足建设企业文化需求而成立的群众文化（艺术）社团。这类社团的主要功能是展示企事业单位、社会团体的对外形象和精神风貌，同时增强内部的凝聚力和向心力。社团一般由工会或相关部门进行管理，旨在通过文化艺术的展示和活动，提升企业或团体的文化软实力，增强员工的文化认同感和归属感。通过这样的社团活动，可以有效地促进企业文化的发展和传播。

（五）由业余文艺骨干组建和管理

由业余文艺骨干组建和管理指的是群众文艺骨干个人根据自己的兴趣和专长自发组建和管理的群众文化（艺术）社团。这类社团主要利用公园、广场等公共场地，有时也利用组织者的个人住所开展活动。社团活动以自娱自乐为目标，以感情为纽带，组织管理相对松散，组织成员处于动态变化之中。

群众文化（艺术）社团中的一部分社团相对比较正规，已登记为面向全社会的法人社团组织。然而，多数社团仅在地域群众文化管理部门备案，纳入地域群众文化的管理范围，以业余群众文艺团队的名义开展活动。还有部分社团未进行登记和备案。

相对正规的群众文化（艺术）社团一般具有一定的组建规范，包括自觉遵守国家的法律、法规，有相对明确的社团名称和组织管理机构，有相对稳定的社团成员,有相对可利用的场地作为活动阵地,有相对稳定的活动时间和活动规范等。

需要登记为面向全社会的法人社团组织,一般需要具备以下六个条件。

其一,拥有50个以上的个人会员或30个以上的单位会员,由个人会员和单位会员混合组成,会员总数不得少于50个。

其二,有规范的名称和相应的组织机构。

其三,有固定的住所。

其四,有与其业务活动相适应的专职工作人员。

其五,有合法的资产和经费来源,全国性的社会团体应有10万元以上的活动资金,地方性的社会团体和跨行政区域的社会团体应有3万元以上的活动资金。

其六,有独立承担民事责任的能力。

社会团体的名称应符合法律、法规的规定,不得违背社会道德风尚,并应与其业务范围、成员分布、活动地域相一致,准确反映其特征。地方性的社会团体的名称不得冠以“中国”“全国”“中华”等字样。

四、群众文化(艺术)社团组织的标准

合格的群众文化(艺术)社团大体可分为一般性群众文化(艺术)社团和正规性群众文化(艺术)社团两大类。

(一)一般性群众文化(艺术)社团组织的标准

一般性群众文化(艺术)社团的标准包括:有社团组织者或负责人,有相对稳定并能自觉参加群众文化活动的社团成员,有相对稳定的活动场地,有相对准确的团队名称,以及坚持常态化的社团活动。这些标准是群众文化(艺术)社团需要达到的最基本要求。

一般性群众文化(艺术)社团大多以街道(乡镇)、社区(村)或机关、学校、厂矿单位内部等基层组织的群众文化(艺术)社团为主。它们的人员范围和活动区域相对有限,活动规模较小,活动的影响也有限。然而,也有许多这一层级的群众文化(艺术)社团在发展壮大后,成为正规性的群众文化(艺术)社团。

(二)正规性群众文化(艺术)社团组织的标准

正规性群众文化(艺术)社团的标准包括:制订群众文化(艺术)社团章程,设有明确的组织机构,拥有较为固定的活动用房,以及拥有较为严格的规章制度。这些社团通常以区(县)级以上群众文化事业机构及各类组织、单位所属的群众文化(艺术)社团为主。

正规性群众文化(艺术)社团的人员和活动区域范围较大,活动规模和社会影响力也较大。同时,这些社团需要在组织管理和业务考核上达到相应的标准,以确保其正规性和有效性。

五、群众文化(艺术)社团组织的活动

(一)日常进行的团队活动

日常进行的群众文化团队活动包括娱乐、排练、交流、创作、采风、培训、笔会等,这些活动旨在自娱、学习和提高。根据团队的艺术门类和性质,团队活动可以采用较为规律的活动周期,如每日活动1次、每周活动1次、隔周活动1次、每月活动1次(也可以是N次)等。以娱乐、训练或排练为主的团队活动,主要依赖群体活动来完成,因此活动周期较短。而以创作、研究为主的团队活动,很多创作和研究往往由个人单独完成,团队活动主要是为了相互切磋、激励和研讨,因此活动周期间隔时间较长。在遇到演出、比赛等特殊情况时,可以根据实际情况适当增加活动次数。

(二)参加地域和所属机构开展的演出展示活动

即根据团队性质开展的音乐、舞蹈、戏剧、戏曲、曲艺、书法、美术、摄影、文学、民间艺术、民俗等群众文化艺术演出、比赛、展示等,旨在为所属地域和机构服务。这类活动所占比例较大,是地域和机构扶持群众文化(艺术)社团的重要原因,也是社团社会价值的重要体现。通过参与这些活动,社团能够展示自己的艺术成果,同时提升社团的社会影响力和知名度。

(三)参加跨区域的国内外文化交流活动

主要包括参加跨区域的国内外文化艺术演出、比赛、演示、研讨活动等,为地域、机构和本团队赢得荣誉。这类活动对群众文化(艺术)社团的

艺术表演水平要求较高，同一门类的社团往往需要经过层层选拔或比赛，最终确定的优胜者方能获得参加跨区域国内外文化交流活动的机会。比较活跃的群众文化（艺术）社团，也有机会参加跨区域的国内外文化交流活动。

六、群众文化（艺术）社团组织的管理目标

对群众文化（艺术）社团的管理，首先应强调自治管理，即努力完善各项管理制度和规范，不断在社团演出（展示）、场地、经费等方面拓宽渠道，促进自身的健康发展。其次，各级政府文化部门应发挥管理职能，探索群众文化（艺术）社团发展的长效机制，通过例会、研讨、表彰等手段，激励团队的建设与发展。最后，群众文化事业单位应加强对群众文化（艺术）社团的辅导与服务，从提高艺术水平和质量的角度抓好团队业务知识和技能的培训，搭建群众文化（艺术）社团展示和交流的平台，积极扶持并促进群众文化（艺术）社团的进步。群众文化（艺术）社团的管理目标主要包括以下六个方面。

（一）活动方向

活动内容和形式要积极健康，符合社会主义先进文化和社会主义核心价值体系的要求。群众文化（艺术）社团应坚持“文艺为人民服务、为社会主义服务”的方向，遵循“百花齐放、百家争鸣”的方针，弘扬主旋律，提倡多样化。社团应根据自身的门类或内容，开展有益于人民群众身心健康和思想情操的活动，确保群众文化活动的正确方向。通过这样的活动，社团能够更好地服务社会，传播积极向上的文化价值。

（二）日常活动

要求坚持日常活动，确保参加的成员达到一定的比例，活动应具有计划性、内容丰富性、记录完整性和检查机制。群众文化（艺术）社团每年应制订年度工作计划和年度总结，并组织展示活动。

日常活动是社团组织存在的重要基础，为成员提供沟通信息和相互学习、提高的平台。日常活动一般应围绕文化艺术的创作、排练、培训和欣赏进行，并根据社团的不同门类要求，安排符合艺术规律和特点的活动内

容。例如，摄影门类社团的日常活动应以展示、评审会员的摄影作品为主；合唱队的日常活动应以发声练习和歌曲排练为主；舞蹈队的日常活动则应以基本功训练和舞蹈作品的排练为主。通过这些日常活动，社团能够保持活跃和组织性，提升成员的艺术水平。

（三）服务群众

服务群众是指群众文化（艺术）社团应经常开展服务地区群众的公益性展示活动，在地域群众文化活动中有一定的受众面和影响力。这意味着社团应根据所属地域或机构的群众文化活动安排，积极开展面向社会和群众参加公益性活动。另外，社团也可以根据活动需要自主举办公益性活动，以丰富和活跃辖区群众的业余文化生活。通过这些活动，社团能够更好地服务群众，满足他们的文化需求，提升社团的知名度和影响力。

（四）品牌特色

品牌特色是指群众文化（艺术）社团应具备独特的文化艺术特色，并打造活动品牌。群众文化的活动品牌是通过多年的积累，以及在内容和形式上的不断创新而逐步形成的，品牌在很大程度上代表了群众的口碑。打造群众文化（艺术）社团的品牌时应根据团队的艺术门类，打造具有鲜明艺术特色和反映地域生活的原创作品或活动项目。通过参加或举办的演出、比赛、展览等活动来推广品牌，并根据群众的反馈不断完善和提高，使之受到群众的喜爱，并产生良好的社会影响。

（五）硬件条件

硬件条件是指群众文化（艺术）社团所需的物质资源，包括稳定的活动排练场地和辅助设备，这是社团活动的基本条件之一。根据社团的活动特点和规律，动态类社团的活动可以在室内或室外场地进行，而静态类社团的活动则多安排在室内场地进行。公园、广场等公共区域是许多群众文化（艺术）社团常用的室外活动场地，但季节和气候的变化可能会影响活动的正常进行。因此，各级群众文化机构或组织应提供必要的帮助，解决群众文化（艺术）社团活动场地的问题。

此外，群众文化（艺术）社团还应配备一定的辅助设备，如服装、道具、音响等。在这一方面，政府设立的群众艺术馆、文化馆（站）应将提供活动场地和设备作为免费开放的内容之一,以支持群众文化(艺术)社团的发展。

(六)创编能力

创编能力是指群众文化(艺术)社团成员应具备的创作和编排能力,这是对较高水平群众文化社团的要求,是一种创造性的群众文化活动。创编群众文化作品时,应紧密联系社会形势和工作重心,与当地群众的生活实际相结合,采用群众喜闻乐见的、反映地域文化特色、与社团艺术门类相适应的形式,突出作品的原创性和生活化,为地域的建设和生活服务。

群众文化(艺术)社团应吸纳具有创编能力的群众参加,根据社团的能力和条件创编一定数量的群众文艺作品,并投入排练和演出。这样不仅能够提升社团的艺术水平,还能丰富群众的文化生活,增强社团的吸引力和影响力。

第四节　群众文化活动骨干队伍的管理

一、群众文化骨干的特征

群众文化骨干是群众文化活动的基本力量,他们在活动中扮演着中坚和领导的角色。群众文化骨干具有以下三个主要特征。

其一,群众文化骨干热爱群众文化,并满怀热情地投入群众文化工作,有着为群众文化事业作出贡献的远大理想。对群众文化的热爱是群众文化骨干的根本动力,这使他们能够在群众文化活动中激发和展现自己的全部能量。

其二,群众文化骨干通常拥有一项或多项文化艺术专业技能,并愿意用自己的专长帮助他人。群众文化骨干通常具有较高的专业文化艺术水平,在群众中享有很高的威望和影响力,具备表演示范能力和辅导指导能力。在大型文化活动前,群众文化骨干需要进行活动策划、方案制订、节目安排,需要推陈出新,打造具有广泛辐射面和高文化性的文化实践活动。群众文化骨干的专业化水平与活动的最终效果和群众的满意度成正比。

其三,群众文化骨干具有较强的组织能力,能够激励和引导他人参与群众文化活动。在群众文化活动中,群众文化骨干通常集组织者、辅导者和管理者的职责于一身,具备较强的组织协调能力。群众文化骨干作用的发挥,在很大程度上影响着群众文化活动的兴衰。

二、群众文化骨干队伍的培植

群众文化骨干队伍需要进行有目的、有计划地培植。培植群众文化骨干队伍主要包括以下几个方面的内容。

提高群众文化骨干的业务水平,给他们提供参加各种培训、交流、表演和深造的机会。群众文化骨干虽然热爱群众文化艺术,具有一定的群众文化艺术特长,但很多人没有系统地学习过文化艺术专业知识和技能,需要不断地充实知识和提高水平,往往对参加培训、交流、表演、深造的要求十分强烈。因此,各级群众文化事业机构应定期地对他们进行培训,为他们创造更多的实践和深造的机会。

对群众文化骨干组建的或在其中发挥重要作用的群众文化(艺术)社团,在场地、师资、设备等方面给予积极的扶植和帮助。群众文化骨干和他们所组建的群众文化(艺术)社团在群众文化活动中发挥着十分重要的作用,因此各级政府文化部门和各级群众文化事业机构应根据群众文化骨干和他们所在的群众文化(艺术)社团的水平、层级、活跃程度、贡献等因素,在活动场地、师资、设备等方面给予不同程度的扶植和帮助,并提供必要的辅导和服务。

采用表彰、命名和奖励等手段,调动群众文化骨干的积极性。表彰、命名、奖励等手段对群众文化骨干有着重要的激励作用,也是对其进行管理的有效手段。各级政府文化部门和各级群众文化事业机构应分别从组织管理和业务管理的角度,采用多种方式进行表彰、命名和奖励。

注重对文艺骨干的培养和培训,建立稳定的专兼职结合的文化队伍。基层文化建设过程中,文艺骨干是中坚力量,而年轻的文艺骨干更是核心力量所在。为此,文化服务部门应该不断强化对于年轻骨干的培训,使他们在群众文化层面发挥更大的力量。同时，还应发展兼职文化队伍，吸收一批热情、积极、主动的业余文化骨干，充分发挥业余文化骨干的作用，为群众提供更为丰富的文化活动。[①]

三、群众文化骨干队伍的考核

（一）考核时间

对群众文化骨干队伍应定期进行考核。考核周期以一个年度考核一次为宜。根据一般的工作常规，可选在自然年度结束后的时间段进行。

（二）考核内容

1.个人群众文化专业知识和技能的考核

主要考核个人专业特长方面的知识和技能，如舞蹈、音乐、戏剧、理论、组织等方面的内容。此外，还可以考核群众文化骨干在文化活动策划、组织、实施等方面的能力。

2.个人参加群众文化活动业绩的考核

主要评估群众文化骨干在相关文化活动中的表现和成效，包括活动的参与人数、社会影响力、群众满意度等。

3.个人参加群众文化培训学习情况的考核

主要考核个人各类参加辅导、培训的情况，包括所学的知识、学习体会以及考勤情况等。考核应以群众文化专业水平和能力为重点，目的在于准确掌握群众文化骨干的专业水平，及时获得群众文化骨干的需求信息，以调动群众文化骨干的积极性，更好地为其提供帮助。

（三）考核方式

群众文化志愿者的考核可以采用总结、考试、问卷、评比、测评等多种方法。考核结果应与表彰奖励相结合，以激发志愿者的积极性。考核方式应灵活多样，可根据不同类别、不同艺术专长的群众文化骨干采取不同的方法。例如，对于群众文化（艺术）社团的负责人，可以采用总结、交流的方法；对于一般骨干成员，可以采用考试、问卷的方法；对于相同艺术门类的骨干，可以采用比赛、评比的方法。对于考核中表现优秀的志愿者，除了进行精神奖励外，还应给予一定标准的物质奖励，以表彰他们的贡献。

①杨秀. 群众文化基层骨干培训与队伍建设探索[J]. 大众文艺，2019(07):9.

第五节　群众文化活动志愿者队伍的管理

志愿者，是自愿参加相关团体组织，在自身条件许可的情况下，在不谋求任何物质、金钱及相关利益回报的前提下，合理运用社会现有资源，志愿奉献个人可以奉献的东西，为帮助有一定需要的人士，开展力所能及的、切合实际的、具有一定专业性、技能性、长期性服务活动的人。志愿者以提供志愿服务的方式，给人们以实在的帮助和心灵的温暖，给社会以爱的力量和向上的希望。文化志愿者是志愿者队伍的重要组成部分，包括图书馆、博物馆、美术馆、文化馆、音乐厅、影剧院等各种公共文化服务机构的志愿服务内容。群众文化志愿者专指利用自己的时间、财力和文艺技能，自愿为社会和他人提供公益性文化艺术服务和帮助的志愿服务人员。

一、群众文化志愿者队伍的社会功能

群众文化志愿者是以向社会和群众提供文化艺术服务和帮助为主要内容的志愿服务人员。群众文化志愿者队伍是群众文化事业的有生力量。在群众文化事业机构服务能力不能完全满足群众文化服务需求的背景下，群众文化志愿服务的机制有效地调动了地域社会文化资源，是对群众文化专业队伍的有益补充。群众文化志愿者队伍不仅拓展了群众文化服务的覆盖面，也使群众文化服务更加深化。

（一）群众文化志愿者的分类

群众文化志愿者主要有三种分类方法：一是从参与群体的属性上划分，可分为个人型和团体型。个人志愿者以个人身份参与群众文化活动，独立承担志愿者工作。而团队志愿者以团队形式参与群众文化活动，通常来自同一个组织或社区，共同完成任务。二是从专业技能和人员结构上划分，可分为专家型、专业型、特长型和支持型四种类型。专家型志愿者指文化艺术界的名人、学者等，主要为群众文化提供高档次的指导；专业型志愿者指专业艺术院团的文艺工作者、群众文化机构的社会文化指导员等，主要指导和参与各类群众文化活动；特长型志愿者指拥有一定文化艺

术专长或技能的群众文艺团队骨干等，是群众文化活动的重要力量；支持型志愿者指热爱文化艺术，愿意为文化艺术事业奉献智力、财力和精力的人士，主要为群众文化事业提供力所能及的支持和帮助。三是按参与时间划分，可分为长期型、短期型、临时型。长期志愿者会长期参与群众文化活动，通常有一定的稳定性和可靠性。短期志愿者可能会因为某个特定的文化活动或项目而参与，活动结束后他们的参与也会结束。临时志愿者通常是临时参与某个文化活动，参与时间较短，可能只有几个小时或一天。

（二）群众文化志愿者队伍的社会功能

志愿服务是文明社会的基本构成和重要内容，倡导的是“奉献、友爱、互助、进步”的精神，体现的是“帮助他人、完善自己、服务社会、传播文明”的传统美德。群众文化志愿者之所以肯于自我奉献，热心于公益文化服务，其最大的动力来源于他们对社会、对他人、对所从事的文化艺术发自内心的爱。

群众文化志愿者队伍的社会功能主要体现在以下几个方面。

1.价值回归功能

群众文化志愿者的价值回归功能体现在他们通过自愿无偿的服务，为社区和公众提供文化资源和活动，满足了人民群众日益增长的精神文化需求。

2.艺术普及功能

即以自己的专业特长为群众传播文化艺术知识和技能。群众文化志愿者涵盖了音乐、舞蹈、戏剧、曲艺，美术、书法、摄影以及民间文艺等各种艺术类别，他们以自己的艺术特长和专业技能为群众提供艺术指导和辅导等服务，帮助群众提高专业艺术素养和能力，在满足群众多样化文化需求的同时，也使自己获得精神和心灵上的满足。

3.社会净化功能

即以友爱互助的行动传播新型的人际关系和社会文明。群众文化志愿者在志愿服务中，除了传授文化艺术知识和技能以外，还承担着传播新型的人际关系和社会文明的责任。他们秉承高度的社会责任感，用爱心去感染他人，用生命去影响生命，用自己从事志愿服务的实际行动，传递出助人为乐的高尚品质和情操，传播新型的人际关系，倡导互助友爱的社会文明。在参与群众文化活动的过程中，群众文化志愿者可以起到感悟群众，缓解陌生的、紧张的抑或是激烈的人际关系，成了群众心目中道德水平的标杆，甚至是在一些方面，还可以把社会的道德水平标准提高一个台阶。①

二、群众文化志愿者队伍的组织

（一）招募群众文化志愿者采用的程序

1.前期准备

群众文化事业机构应根据群众文化工作计划的内容，确定志愿服务项目。志愿服务项目可以是单项的，也可以是多项的。在确定志愿服务项目时，应注重其公益性和可行性，确保其覆盖面广、受众面宽、影响广泛、效益良好，并通过相关专家的评审论证。

对于选定的志愿服务项目，应根据招募计划明确该项目的志愿服务方式和相关要求。明确招募对象的条件，包括拟招募志愿者的年龄层次、学历要求、健康状况、知识技能等方面的条件，并告知在志愿服务过程中可能出现的风险。

明确招募计划后，要确定采用何种报名方式，包括现场报名、电话报名、网络报名、网点报名等，并明确联系人及联系电话。

2.发布招募公告

在确定以上内容的基础上，应在适当的渠道发布招募公告。发布范围可以面向全社会，也可以定向面对与项目相关的志愿服务机构。《志愿者招募书》应详细说明与志愿服务项目相关的信息，包括项目背景、项目内容、服务方式、项目要求、招募对象条件、报名方式、联系人等。

3.注册培训

审核通过的志愿者需进行实名注册，并提供真实的身份信息、服务技能、服务时间、联系方式等个人基本信息。文化志愿服务组织单位负责对志愿者进行必要的培训，包括业务知识、技能培训和安全教育。

---

①马晓芳．浅议群众文化与群众文化志愿者[J]．文化创新比较研究，2019，3(11)：130—131.

（二）制定群众文化志愿者指南和相关的管理制度

招募单位应根据群众文化志愿服务的相关内容，为志愿者编制服务指南或服务手册。服务指南的内容可以包括：志愿者服务理念、誓词、基本条件、权利与义务、招募办法及流程、志愿者培训、志愿服务知识、基本要求、注意事项、日程安排、保障与表彰等。

同时，为了规范志愿服务人员的管理，保障群众文化志愿者的权益，提高群众文化志愿服务的质量，招募单位还应制定志愿者管理的各项规章制度。志愿者管理的规章制度可以包括：志愿者注册登记制度、志愿服务工作守则、志愿者招募制度、志愿者培训制度、志愿者管理办法、志愿者保障和奖励制度等。

此外，还应该探索创新志愿服务的机制和方式，建立统一的志愿服务项目发布平台，提高志愿服务项目与公众需求、公众参与的对接效率，以最大限度地发挥志愿服务的效益。

（三）群众文化志愿者的组织方法

群众文化志愿者队伍的组织方法大体分为以下几种。

1. 由相关的群众文化事业机构进行管理

即由群众艺术馆、文化馆、文化站等群众文化事业单位根据使用志愿者的需要，直接进行群众文化志愿者的招募、培训、使用和管理。

2. 由各省市文化厅（局）组建的文化志愿者服务中心进行管理

即由政府文化部门设立文化志愿者服务中心，承担群众文化服务范围内的文化志愿者的招募、培训、使用和管理。

3. 由志愿者服务机构进行管理

即由群众文化事业机构以外的第三方志愿者服务机构负责群众文化志愿者的招募、培训和管理。志愿者使用单位可根据群众文化活动项目的需求，委托志愿者服务机构代为招募群众文化志愿者。

三、群众文化志愿者队伍的培训

培训是群众文化志愿者组织管理的一项主要工作。抓好志愿者的培训是强化群众文化志愿者队伍素质的关键，而强化素质则是群众文化志愿者队伍生存发展的必要条件。加强群众文化志愿者队伍的培训，可以有效提高群众文化志愿者的政治素质、文化素质和专业素质，不断提高志愿服务的质量和水平。

建立志愿者培训制度，可以不断提高群众文化志愿者的服务能力，更好地完成义务服务的任务。从一定意义上说，志愿服务的过程是自我教育、自我开发、自我提高的过程，针对志愿者的不同水平、专业和服务项目进行有针对性的培训，是做好志愿服务的重要保障。

志愿者培训包括新志愿者培训、专业培训、全员培训等形式。

（一）新志愿者培训

原则上讲，新志愿者在完成登记后，都应接受最基础的培训。尽管新志愿者在自己所从事的专业领域可能具有较高的造诣，但对于志愿者和志愿服务的相关知识可能了解不多。因此，开展新志愿者的培训是投入志愿服务前的一项基础性工作。

新志愿者培训的内容可以包括群众文化志愿者组织的性质、任务和组织架构的介绍；志愿服务相关规章制度、纪律等方面的教育；志愿者服务指南的讲解，拟开展的志愿服务项目介绍；优秀志愿者先进事迹的介绍和交流等。

（二）项目专业培训

志愿服务通常与具体的志愿服务项目紧密相关，每个项目都有其特定的要求，对志愿者的需求也存在个性化差异。为了顺利完成志愿服务项目，根据不同项目的具体情况和个性化特点进行专业培训是必要的。在开展专项志愿服务活动之前，应进行必要的专业培训，明确项目的意义、活动内容、时间、地点、相关要求和注意事项，以便志愿者能够充分了解和掌握与专项服务相关的知识。对于专业性较强的志愿服务项目，可以聘请相关领域的专业人员或有培训资格的志愿者培训师进行培训。

（三）志愿者全员培训

全员培训是志愿者培训的基础，对于提高志愿者的基本素质和保证志愿服务的质量至关重要。培训内容可以包括志愿服务的基本理念、通用技能和规范等。通常，所有志愿者每年应至少参加一次全员培训，并且这些培训记录应被保存在志愿者服务手册或相关档案中。

四、群众文化志愿者队伍的考核与宣传

（一）群众文化志愿者队伍的考核

群众文化志愿者的考核主要依据《文化志愿服务管理办法》和地方性实施细则进行。根据《文化志愿服务管理办法》，文化志愿者应具备一定的文化艺术才能和民事行为能力，热心文化事业，并应遵守文化志愿服务管理制度，履行文化志愿服务承诺或协议，尊重服务对象的意愿、人格和隐私等。

群众文化志愿者的考核可以采取多种方式，包括年度服务考评、志愿服务绩效评估、建立常态化的文化志愿者星级评审体系，以及对优秀文化志愿者的表彰和奖励等。可以参考共青团系统评定“星级志愿者”的方法，在志愿者组织内部建立以服务时间和服务质量为标准的星级认证制度，并定期对“星级志愿者”进行表彰。

（二）群众文化志愿者队伍的宣传

对群众文化志愿者队伍的宣传，主要可以通过对群众文化志愿者活动重点项目、重大活动或典型人物的宣传报道，逐步扩大群众文化志愿者队伍的社会影响力。在宣传途径上，根据文化和旅游部、中央文明办发布的《2022年文化和旅游志愿服务工作方案》，可通过多种渠道，如广播电视、报刊网络等，广泛宣传文化志愿服务，提高公众对文化志愿服务的认知度和参与度。也可利用各级群众文化事业机构的常态化宣传阵地进行宣传。在宣传方式上，可通过组织媒体专访、制作宣传片、举办展览等方式，吸引社会各界的关注，不断吸收更多的文化艺术人才投身于群众文化志愿服务工作。

第三章　群众文化活动的策划

第一节　群众文化活动策划的基本概念

一、群众文化活动策划的内涵

“策”的原意是指竹片或木片，中国古代人写字用的工具。另一种解释为古人驯马用的带刺的棍子或鞭子，打在马身上促马前进。后经历史的演变，“策”字逐渐被解释为策略和谋略。“划”字在古代与“画”字相通，有记录、记载和划清界限的意思。我们所说的策划是指为了达到某一目标，运用科学的手段和谋略，以最低的投入获取最佳效益的设计行为。

群众文化活动策划是指针对特定群众群体，组织、设计、实施文化活动的整个过程。它涉及对活动主题、内容、形式、时间、地点、参与人员、宣传推广等方面的全面规划和安排。群众文化活动策划目的是为了满足群众的文化需求，促进文化的传承与发展，增强凝聚力和文化活力。

点子、创意、策划是群众文化活动策划设计过程中不可分离的三个重要环节。它们是相互递进的包容关系，缺一不可，点子和创意都是策划的重要组成部分。

（一）群众文化活动的策划以活动的创意为依据

创意是群众文化活动策划的核心，它决定了活动的主题、形式、内容等各个方面。将创意的设计理念转化为所需的要素和资源的宏观布局，这个转化过程体现了策划人员思维方式的转变。如果说创意依赖于丰富的想象力来设计，那么策划则是依靠详尽的活动信息和可控的活动资源来进行策略性的规划和布局的。

（二）群众文化活动的策划是一项系统工程

群众文化活动的策划涉及多个方面的综合考虑和协调。策划前需要对群众的需求进行深入的调研和分析，以确定活动的目标受众和需求。策划者需要充分挖掘和利用文化资源，包括历史传统、民间艺术、文化设施等，为活动提供丰富的内容和形式。策划者还需要考虑活动的规模、时间、地点等因素，以确保活动的顺利进行。此外，策划者需要协调各方面的力量，如政府部门、社会组织、志愿者等，形成工作合力，共同推动活动的策划和实施。

（三）策划方案是活动策划过程的最终结果

活动的策划是个复杂过程，其难度要视活动的规模而定。无论活动策划如何运作，最终都要体现在策划方案上，也就是说策划方案是策划工作的最终结果，是对活动策划过程的全面总结和概括，是活动实施阶段的基本依据。策划方案的质量直接关系到策划意图能否得到准确体现，因此制订策划方案是策划全过程中的关键性环节。

二、群众文化活动策划的价值

所谓“策划”，指的是谋划、筹划，又作“策画”。改革开放以后，“策划”一词逐渐流行开来，与其同义的“企划”，也成为一种新潮创意之举。许多企业、事业单位开展项目，事先都要进行认真的策划或企划，有的还要求形成完整的书面《企划书》或《策划书》。这种策划，实际上就是对该项目的创意、设计，对该项目的具体实施，具有重要的指导、依据意义。同样，群众文化活动策划，也是对群众文化活动的创意、设计，对群众文化活动，同样具有重要的指导、依据意义。

（一）更好地满足群众的精神文化需求

策划者能够充分调研群众的需求和喜好，有针对性地策划和组织文化活动。通过策划丰富多彩的文化活动，如艺术展览、音乐演出、戏剧表演、文化讲座等，群众可以享受到多样化的文化体验，满足他们的精神文化需求。此外，策划者还可以根据群众的需求和喜好，创新文化活动的形式和内容，提供个性化和定制化的文化服务，进一步满足群众的文化需求。

（二）提升群众文化素养，实现群众身心健康发展

加强精神文明建设，提升群众文化素养已经成为当下社会发展中的重要内容，群众文化素养的提升与发展，对促进社会稳定发展至关重要，而群众文化活动策划在提升群众文化素养方面同样发挥着不可或缺的重要作用。一方面，群众文化活动中蕴含了丰富的文化内容，包括红色文化、地方特色文化、民俗文化等。这些健康的文化以不同形式融入群众文化活动中，对群众形成了良好的熏陶和感染，让群众在耳濡目染中逐渐丰富自身的文化积累，提升了自身的文化素养。另一方面，群众文化活动为群众创造了良好的文化交流与探讨空间，拉近了群众之间的距离，使群众能够拥有共同的交流话题，在不断交流和探讨中加深对文化内涵的理解，感受文化的价值和魅力，从而使群众对优秀文化产生兴趣，促使其主动了解更多优秀的文化内容，有效提升文化素养。

提升群众身体素质、促进群众身心健康发展是国民素质发展中的重要任务，基层群众文化活动是以群众为主体、以活动为载体的一种群众文化形式，不仅能够起到对群众的文化熏陶和感染作用，还能够丰富群众的业余文化生活。群众文化活动具有很强的娱乐性，群众在参与群众文化活动的过程中会得到身心的放松，能够排解身心的压力。同时，很多群众文化活动需要群众的实际参与和体验，比如群众舞蹈活动、群众体育活动等，群众在参与中能够起到良好的强身健体作用，进而达到身心健康发展的目的。[①]

（三）稳定和扩大群众文化队伍

组织和开展一场群众文化活动是一项复杂而庞大的工程，它需要集中大量的人力、物力和财力。在这一过程中，能够有效地动员和统一一个地区的文化工作者，同时吸引更多的人民群众积极参与，从而不断扩大基层群众文化队伍。开展群众文化活动不仅为人民群众提供了丰富多彩的业余生活，也为那些具有文化素养和特长的群众提供了展示才华的机会，显著提升了人民群众的生活质量和文化氛围。

---

①许静．新形势下基层群众文化活动策划与组织策略探讨[J]．参花（上），2023(09):119—121.

（四）带动相关文化产业的发展

群众文化活动的策划对相关文化产业的发展具有深远影响，其作用体现在多个方面。

其一，群众文化活动的策划通常涵盖多种文化形式和内容，有助于保护和促进文化多样性。文化多样性是文化产业发展的基石，它能吸引更广泛的受众，丰富文化市场的产品和服务。

其二，通过策划各种群众文化活动，可以有效地激发公众对文化产品和服务的需求，从而促进文化消费。这种消费不仅包括参与活动本身，还可能涉及购买相关的文化商品，如书籍、艺术品、文创产品等。

其三，群众文化活动的策划和实施需要各类文化人才，包括艺术家、设计师、策划者、管理者等。这些活动为文化人才提供了展示和实践的平台，有助于培养和提升文化产业的人才储备。

其四，为了吸引群众参与，文化活动策划往往需要创意和新颖的形式。这促使文化创意产业不断进行创新，同时也推动了文化科技的发展。

（五）传播和推广中华优秀传统文化

中国是一个历史悠久的国家，几千年的发展历程中积累了丰富的传统文化。这些文化不仅是劳动人民智慧的体现，也蕴含着深刻的文化意义，具有极高的传承价值。传统文化覆盖面广泛，包括各民族的特色文化和民间文化，在传播过程中展现了独特的价值。随着时代的进步，中国高度重视文化的传承与创新，弘扬和传承优秀传统文化对于提升国家综合实力和民族凝聚力具有重要意义。群众文化活动的策划在推动优秀文化的传承和创新方面扮演着关键角色。一方面，群众文化活动是以文化交流、体验和互动为主的活动形式，群众通过参与各种文化活动，能加深对文化的理解和认识，成为传播优秀传统文化的重要途径。另一方面，挖掘地方民族文化和特色文化，并将其融入群众文化活动中，是新形势下群众文化活动策划的重要内容。为了不断创新文化活动的内容，策划人员会从地方特色文化出发，通过文化的挖掘和融合，不仅丰富了群众文化活动的内容，也实现了优秀传统文化的传承和创新。

三、群众文化活动策划的原则和基本要求

（一）原则

1. 创新性

群众文化活动策划必须注重创新，可以从主题、内容、形式、方法、技术、参与方式等方面入手，避免活动单一化和同质化。此外，群众文化活动策划可以从传统文化中汲取营养，结合现代元素推陈出新，打造出具有独特魅力的文化品牌。

2. 实效性

在策划群众文化活动时，实效性是关键。策划者需要深入调研和分析群众的文化需求，确保活动的内容、形式和时间能够吸引群众的兴趣并符合他们的参与意愿。活动应与群众的生活紧密相关，解决他们的实际问题，满足他们对美好生活的向往，并制订出实际可行的策划方案。同时，要从实际出发，合理规划活动的时间和地点，确保活动的顺利进行。此外，策划者还应对活动效果进行评估，并及时收集群众的反馈，以便灵活调整和改进活动方案，提升活动的质量和影响力。

3. 主体性

在策划群众文化活动时，首先需要清晰地界定活动的参与主体和目标，并制订详细的活动流程。在整个过程中，应坚持将群众作为核心，确保群众能够发挥主导作用，从而保证活动的各项任务能够被有效执行。

4. 地域性

策划群众文化活动时，关键是要紧密围绕活动主题，贴近群众的日常生活。通过深入挖掘和有效利用当地的文化资源，将文化元素融入活动中，使活动主题更加丰富和突出，同时增加地域特色和文化深度，满足不同地区群众的需求。同时，群众文化活动还应强调时代特色，紧跟时代步伐，传承时代精神，使活动更具时代感和社会意义。在活动的组织和执行过程中，应积极整合地方资源，包括政府、文化机构、民间组织和当地群众的力量，以打造具有地方特色的文化活动。

5. 参与性

群众文化活动在策划时应注重提升群众的参与度和互动性，以吸引更

多公众加入，使群众成为活动的核心。策划者应设计多样化的参与途径和方法，激励群众积极投身于活动，从而充分释放群众的热情和创造力。

6. 可持续性

在规划活动时，重要的是要着眼于长远影响和持续进步，避免仅限于一次性的或短暂的行为。通过将活动系列化和品牌化，逐渐增加活动的知名度，扩大其影响力，并最终打造出一个文化品牌。

（二）基本要求

在网络时代背景下，人们获取信息的途径更加便利化、多样化，文化馆应积极组织形式多样的文化活动，在确保主题多样性的同时，也要做到形式新颖，全方位地展现时代特征与文化内涵，满足群众日益增长的精神文化需求，具体要求可以归结为以下几点。

1. 群众文化活动的形式要丰富多样

为了满足不同年龄、性别、职业和兴趣爱好的群众需求，群众文化活动策划需要注重形式的多样性。以不同类型的活动吸引更广泛群体的参与，有利于扩大文化活动的覆盖面，提高其影响力。例如，通过组织音乐演出、舞蹈比赛、书画展览、讲座论坛、影视放映等多种形式的文化活动，可以为不同年龄层的群众提供更多的选择和参与机会。

2. 群众文化活动要具备深刻的文化内涵

群众文化活动不仅是一种娱乐形式，更是重要的文化传承和表达方式。因此，群众文化活动策划需要注重文化内涵，深入挖掘地方或区域的文化资源，将传统文化与现代元素相结合，打造具有独特魅力的文化品牌。

3. 群众文化活动应持续开展

为了确保群众文化活动的影响力和传播范围，需要注重活动的可持续性和可复制性。具体而言，一是充分利用现有的资源和社会力量，如社区资源、志愿者组织、企业赞助等，建立稳定的活动机制和组织架构，降低成本并扩大活动的影响范围，推动活动实现常态化和长期化发展。二是注重创新和改进，不断推陈出新，提高文化活动的开展质量，吸引更多的参与者。三是与其他机构和企业合作，共享资源和优势，推动群众文化活动的繁荣发展。

第二节　群众文化活动策划的方法

一、有效策划群众文化活动的方法

（一）了解群众对于文化活动的了解和需求

调研分析重在了解群众对于文化活动的了解和需求。新时期的群众文化主要是为了缓解群众巨大的工作压力，丰富群众的空余时间，满足群众的精神需求。群众文化的主要形式是群众的自我娱乐方式，让群众在娱乐中完成对自我的升华，陶冶情操，使身心愉悦。由此可以看出，群众文化活动与群众是密不可分的，群众文化活动的主要服务对象就是群众。文化活动的组织和策划者必须与时俱进，同群众日益增长的文化需求保持同步，这样才能组织出一些群众喜欢并且乐于参加的新时期的文化活动，满足群众的精神需求。但是在组织文化活动时难免会出现这个活动一部分人不喜欢，那个活动另一部分人不喜欢的状况，这样，群众的参与度就不高了。

所以，为了组织群众喜爱的文化活动，组织者在必要时候要加大资金、时间和人力的投入。要充分利用已有的资源和设备，为群众提供一个更好的活动平台。同时，还要加大宣传，鼓励更多的群众参加进来，使群众的生活水平得到很大的提高，真正做到物质同精神文明同步。群众的眼睛都是雪亮的，群众也会分辨一个活动组织得用心与否，从而决定是否参加。例如，为了活跃群众氛围，满足群众的精神需要，文化活动的组织者可以在组织活动之前调查民意，清楚群众更倾向于哪一种或者哪一类型的文化活动。此外，还可以通过邀请群众代表参与活动策划过程，开展小范围试点活动，根据参与者的反馈调整活动内容等方式使群众文化活动内容更符合群众需求。在确认下来之后，加大宣传力度，使更多的群众知道并且参加进来。而在构建文化活动平台时，要尽全力为群众打造一个更好的平台，使他们满意，并且乐意参加下一次的文化活动。因此，在筹办群众文化活动之前，充分了解群众对于文化活动的看法是很必要的。[①]

（二）做好文化活动前的准备工作

做好新时期文化活动前的准备工作是筹办一场成功的文化活动的前提和基础。要将活动的每一个细节都细细考虑，做好应急措施，最好准备两套可行方案。在活动举办前，要查询、搜集相关的资料，制订好基础方案。在时间和条件允许的情况下，适当进行彩排，将活动的效果发挥到极致。除此之外，还要认真仔细的检查每一个设备的安全问题，确保不会有意外事故发生。这样的文化活动才有参加的价值。例如，为了调动群众参与活动的积极性，要提前走访群众，了解群众心意，并且采购物品、装饰场地等的步骤要确保万无一失，不会有意外事故发生。最后，在活动办完以后，也要将场地清理干净，为下一次举办活动做好准备。因此，充分的准备活动对于群众文化活动的举办有着极大的作用和意义。

（三）通过地区优势充分利用资源

现在举办的新时期文化活动都离不开资金和资源，没有资金与资源，活动就无法筹办起来。但是无法否认的是，有些地区就是比较落后，拿不出较多资金来举办活动。在这种情况下，这些地区可以办那种花费少意义大的文化活动，而其他地区也可以对这些贫穷落后的地方伸出援助之手，相互鼓励，相互进步。同时，还可以利用当地的文化特色和风土人情来组织文化活动，这样的文化活动更有价值、更有意义、更可以满足群众的精神需求。现在的网络技术发展迅速，文化活动的组织和决策者可以利用网络技术向更多的人展示自己地区独特的文化活动，从而使更多的群众参加进来，使更多群众的精神生活得到提高。而且现在倡导城市化建设，越来越多的群众都需要文化活动来丰富自己的业余生活。所以，通过网络技术来传播不失为一种好的方法措施。例如，贫穷落后的地区可以跟先进发达的地区一起举办文化活动。先进的地区提供资金支持，而贫穷的地区可以提供劳力和资源。这样，发达地区和落后地区的群众的生活都可以得到丰富和提高，群众的精神需求都可以得到满足。既充分利用了资源，没有浪

①张虹．新时期群众文化活动的组织与策划方法分析[J]．文艺生活（中旬刊），2019，(9)：198.

费资源，也都组织筹办了文化活动。

二、群众文化活动策划操作要点

（一）信息量越大越好

在策划活动的初期，策划人需要进行大量阅读并研究相关信息和资料。这项工作可能看似艰苦，但实际上是产生优秀创意的基础，没有捷径可走。虽然有些信息从表面上看与活动没有必然联系，但正是这些看似没有联系的信息往往会促使策划人产生新的灵感，对活动进程产生较大影响。有些活动的策划人不愿意在收集信息上花时间，仅凭自己的灵感进行设计，这是不负责任的行为。在通常情况下，收集的信息数量越大越好，没有数量就没有质量。无论策划人的经验多么丰富，个人的知识总是有限的，尽可能多地掌握信息才是提高策划人设计能力的最佳方法。

（二）信息提炼越精越好

信息提炼的质量直接关系到活动创意的质量，策划者必须将大量的信息进行分类，并逐一进行分析。虽然要求策划人要掌握大量的信息，但在活动策划的初始阶段，这些信息还处于散乱的状态，必须将有用的信息从散乱的信息中分离出来。这个分离、提炼的过程是与策划设计同步进行的，信息的数量为信息的提炼提供了充分的选择空间，而经过提炼的信息又为策划设计补充了营养，策划人在分析信息的过程中还可对原有的设想进行不断修订和完善。

（三）思路越开阔越好

在策划的初级阶段，在大量的信息面前，策划人的思路越开阔越好，不必受内容和形式的局限。如果刚刚进入策划阶段就对设计思路进行规范和限制，策划人的创作激情和灵感就会被扼杀。因此，活动的决策机构不要过早地介入策划设计之中，干涉策划部门的设计思路。当策划构思到一定阶段时，各种思路就要向活动主题集中，思路重点不可过多，一般情况下一项活动只会有一个主题，一切策划点都应围绕着这个主题展开。因此，活动的重点突破口一定要少而精。

(四)方案设计越实用越好

群众文化鲜明的民族特色、浓郁的地域特征及多姿多彩的形式有效地促进了社会的和谐发展。群众书法、群众歌舞、群众戏剧等丰富多样的群众文化作品凸显着和谐、融洽的审美观念。群众文化对于维护社会稳定、增强民族凝聚力发挥了不可或缺的作用。

活动的内容要求多样和丰富,即使是单项的群众文化活动也要设计相应的辅助内容进行陪衬。例如举办农民画艺术节活动,本是以绘画展览为主的单向文化活动,但是活动的策划人却借此契机将文化交流、文化资源挖掘、学术研讨、非遗保护与传承、文化普及培训等内容融入活动之中,极大地扩大了活动的影响力。艺术节的内容虽然非常丰富,却始终围绕着农民画这个主题,没有离开绘画展览这个主要活动内容。由此可见,不论何类的群众文化活动,其方案设计要实用,内容设计一定不要脱离主题,一定要有主次之分,要分出活动的主项和副项,这是群众文化活动策划的基本原则。

三、群众文化活动策划的基本程序

(一)调研分析

调研分析是确保活动成功的重要环节,它能够帮助策划者了解目标受众的需求和兴趣,为活动的策划和实施提供依据。

开展调研分析首先要进行目标受众调研,分析目标受众。确定活动目标受众的特点,包括年龄、性别、兴趣、文化背景等。了解目标受众的文化需求和兴趣,如喜欢的活动形式、参与频率、关注的文化领域等。此外,也可以进行文化资源分析,分析社区的文化资源和特色,如地方戏曲、民间艺术、历史遗迹等,为活动策划提供帮助。然后,应选择调研方法,如问卷调查、访谈、座谈会、观察法、文献研究等。完成调研后应对调研数据进行分析,分析数据包括三个步骤,一是数据整理,即收集调研数据后,进行整理和分类,以便于后续分析。二是数据分析,即运用统计分析、内容分析等方法,对调研数据进行分析,找出关键信息和趋势。三是结果解读,即对调研结果进行解读,了解目标受众的需求和兴趣,为活动的策划提供依据。

(二)确定活动目标

群众文化活动策划确定活动目标是一个系统的过程,需要综合考虑多方面因素,确保目标既符合社会主义核心价值观,又能够满足群众的文化需求,同时具备可操作性和评估性。

在确定群众文化活动目标之前,首先要明确活动的目的。群众文化活动的目的多种多样,可以是提升社区文化氛围,增进邻里关系,传承文化遗产,提高公民参与意识,促进文化交流,丰富群众文化生活等。明确活动的目的有助于后续确定具体的目标和内容。

确定活动目标要充分考虑目标受众的特点,包括年龄、性别、兴趣、文化背景等。了解目标受众的需求和期望,有助于确保活动目标符合受众的需求,提高活动的吸引力和参与度。根据活动的目的和目标受众的特点,设定具体、可衡量、可实现、相关性强、时限性的目标。具体目标可以是吸引一定数量的社区居民参与,或者收到一定比例的参与者正面反馈。具体目标有助于活动的策划和实施,也有助于后续的评估和反馈。

确定活动目标也要考虑资源限制。根据可用资源(如预算、人力、时间等)设定实际可行的目标,避免过于理想化而难以实现。要充分考虑活动的规模、场地、设备、人员等资源限制,确保活动目标的可操作性。

在确定活动目标时,要考虑长期与短期目标的结合。短期目标要实现即时的效果,如一次活动的参与人数、满意度等。长期目标要促进文化活动的持续发展和深远影响,如提升社区文化水平,培养居民文化兴趣爱好等。

除此之外,确定活动目标时,要确保活动目标与社会主义核心价值观相符合,传播正能量,促进社会和谐。可以通过传播中华优秀传统文化,倡导社会主义道德风尚,提高公民素质等方式,体现社会主义核心价值观。确定活动目标时也要考虑如何融入创新元素,推动文化活动的发展和进步。可以通过引入新技术、新理念,探索新的活动形式和内容,提高活动的吸引力。同时,要关注社会热点和文化趋势,将流行的文化元素融入活动中,使之更具时代感。

(三)创意构思

群众文化活动策划的创意构思是一个涉及内容设计、形式创新等多个方面的过程。

内容设计包括:一是设计多样化的活动内容,包括传统文化、现代艺术、科技体验等,以满足不同群体的需求。二是通过故事性的内容设计,吸引受众的注意力,增加活动的吸引力和参与度。故事可以是历史故事、人物故事、地方故事等,与活动主题相符合。三是设计互动性强的小游戏、表演、工作坊等,让参与者能够主动参与其中,增加活动的趣味性和参与度。

形式创新包括:一是利用新媒体技术,如虚拟现实技术、增强现实技术、3D投影技术等,创新活动形式,提高活动的科技感和现代感。二是结合线上线下渠道,拓展活动形式。可以通过线上直播、社交媒体互动、线上投票等方式,吸引更多受众参与。三是选择独特的场地进行活动,如户外广场、公园、博物馆、艺术空间等,与活动主题相呼应,增加活动的吸引力。

(四)风险评估

风险评估是确保活动顺利进行的重要环节,风险评估包括识别可能影响活动成功的潜在风险,并制订相应的应对措施。以下是一些常见的风险类型和评估方法。

1.安全风险

评估内容:包括场地安全、食品安全、消防安全、医疗急救准备等。

应对措施:确保活动场地符合安全标准,提供明显的安全指示标志,配备足够的消防设施和急救人员,制订应急预案。

2.法律风险

评估内容:活动内容是否违反法律法规,如版权、商标、隐私权等。

应对措施:确保所有活动内容合法合规,对于涉及版权的材料提前获取授权。

3.财务风险

评估内容:预算超支、赞助商撤资、门票销售不理想等。

应对措施：制订详细的预算计划，预留一定的应急资金，与赞助商签订明确的合同，采用多元化的收入来源。

4.气候风险

评估内容：不利的天气条件可能影响户外活动。

应对措施：提前查看天气预报，准备备用场地或帐篷，对于极端天气条件制订取消或延期的计划。

5.技术风险

评估内容：音响、灯光、投影等技术设备可能出现的故障。

应对措施：提前测试所有设备，准备备用设备，现场配备专业技术人员。

6.人事风险

评估内容：志愿者或工作人员不足，人员沟通不畅等。

应对措施：提前进行人员招募和培训，建立有效的沟通机制，制订详细的工作流程。

通过全面的风险评估和有效的风险管理工作，可以最大限度地减少群众文化活动中可能遇到的问题，确保活动的顺利进行和参与者的安全。

（五）撰写方案

撰写方案是一个复杂的过程，需要综合考虑多方面因素，确保方案的全面性、科学性和可行性。

（六）总结与反思

除了基本的策划工作，总结与反思也是群众文化活动策划基本程序中不可或缺的一步。总结与反思是确保活动成功的重要环节，它能够帮助策划者了解活动的优点和不足，为今后的活动提供改进的依据。总结与反思包括以下几个方面。一是评估活动效果，可以通过统计活动参与人数、媒体报道次数和曝光度、社交媒体上的互动数据，如点赞、评论、分享等，评估活动的影响力。还可以通过相关数据评估活动对社区文化氛围、邻里关系、公民参与意识等方面的影响。二是分析活动的优点与不足之处。总结活动的成功之处，如活动内容、形式、组织、宣传等方面的优点。分析活动过程中存在的问题和不足，如活动组织、宣传、参与度等方面的不足。总结活动的成功经验与教训，优化活动策划。三是总结改进建议与措施。根据活动总结和反思，提出改进活动策划的建议，如活动主题、内容、形式等方面的改进。还可以提出改进活动组织的建议，如人员分工、场地布置、设备准备等方面的改进。除此之外，也可以提出改进活动宣传的建议，如宣传渠道、内容、时间等方面的改进。在总结与反思的过程中，要注重细节管理，确保总结内容的全面性和反思的深入性。同时，要注重活动的实施过程，及时调整总结与反思的方向，确保活动的顺利进行。

四、群众文化活动策划方案

（一）撰写方案

活动从策划到组织实施需要两种不同功用的方案形式：一种是策划方案；另一种是实施方案。

1.策划方案

策划方案是策划第一阶段的目标与成果，它是策划成果的具体表现形式，是活动策划决策的信息传播的载体，是公众活动管理操作的依据。管理者根据策划方案传达的信息进行协调与控制。这一阶段着重研究的是策划目标、主要内容、总体预算以及效益预测。这时的方案主要是用于谋划、论证及审批。所以，原则方案侧重于概念性的意见，对活动的目标、公众、时间、地点、主要内容、主要工作、大概工作步骤、总体费用、总体效果预测等要素予以原则性的规范。

策划方案有如此重要的作用，那么对策划方案的撰写要求规范的意义就不言而喻了，虽然策划方案可以因为不同策划者的习惯因素有不同的撰写方式，但策划方案的基本要素是必须具备的，即何人、何事、何物、何时、何地、怎么做，而在具体的撰写中可以表达为如下的几条基本的提纲。①绪言-问题的来由；②策划背景资料及分析；③策划目标或目的意义；④时间；⑤地点；⑥参加人；⑦围绕目标的主要活动项目和呈现形式内容；⑧实施的方式方法；⑨传播计划及方式；⑩活动的组织工作机构；经费预算及来源；⑪有关资料或相关的工作提示。

撰写策划方案要注意活动内容的设计。要根据活动主题和目标受众的特点，选择合适的活动形式，如文艺演出、比赛、讲座、展览、亲子活动等。设计活动环节时应确保活动的趣味性、互动性和参与性，可以包括开场表演、互动环节、嘉宾演讲、表演展示、闭幕仪式等，也结合当地的文化特色和节日，融入独特的文化元素，打造特色活动。

除了以上内容，宣传方面的策划也是必不可少的。宣传能够提高活动的知名度和影响力，吸引更多群众参与。宣传策划主要包括以下四个方面的内容。一是确定宣传目标。明确活动的定位，如文化、教育、娱乐、公益等，以便于确定宣传内容和渠道；分析目标受众的特点，包括年龄、性别、兴趣、文化背景等，以便于制订针对性的宣传策略；还可以预设宣传效果，设定具体的宣传效果目标，如参与人数、知名度、影响力等。二是设计宣传内容。可通过主题宣传、故事传播、活动亮点等方式增强活动的吸引力。主题宣传即围绕活动主题，提炼宣传口号和标语，突出活动的特色和亮点。故事传播即挖掘活动背后的故事，如活动起源、参与者故事、社区共建等。活动亮点即提炼活动的亮点，如表演者、嘉宾、特色环节等，可作为宣传的重点。三是选择宣传渠道，可以利用线上线下两个渠道进行宣传。线下渠道方面，可以在户外公共场所设置广告牌、横幅、海报等，增加活动的曝光度，也可以在社区内张贴宣传海报、传单，利用社区公告栏、宣传栏等渠道进行宣传，吸引附近居民参加活动。线上渠道方面，既可以利用传统媒体如报纸、杂志、广播、电视等通过发布新闻稿、采访、专题报道等形式进行宣传，也可以通过在互联网、社交媒体、短视频平台等新媒体平台发布活动预告、宣传视频、互动话题的方式进行宣传。

2. 实施方案

实施方案是实施工作的指导性文件，是活动的分镜头剧本，其突出的特点是操作性活动的实施。工作人员完全是依据实施方案进行具体的工作计划和操作的。

编写实施方案，实际上策划方案的实施，是可操作性设计。因此，方案的撰写手法应该是直陈其词，不加雕琢。对工作方法、工作要求更要详尽具体，操作性强。实施方案一般都包含以下主要内容：①活动的基本要素（如目的、内容、时间、地点、人数等）；②活动的具体形式及与之协调的工作；③组织工作的步骤及进度；④实施工作的方式、方法；⑤各项目协调形式;⑥工作的逻辑划分及组织工作职能机构的设置;⑦专项工作的计划。

往往活动筹备工作事务繁多,协调事项多,所以要善于设计、使用各种表格,对于提高策划水平和工作效率意义重大。因此,一般都要求实施方案尽可能表格化,清晰地表现工作计划。

(二)选择方案

面对多个策划方案,应当以科学、审慎的态度“拍板”。通常的选择方法有以下三种。

1.多方案选择法

多方案选择法首先要求策划人员从多个角度策划出不同的备择方案,供决策时选择使用。备择方案可以是两个以上不同的完整独立的方案,也可以是一个方案里,在关键的项目上,列不同的策划构思,供决策时选择。

2.理想方案选择法

对于每个完整的方案,如果用一定的逻辑标准衡量,可以划分为最佳方案、理想方案、合理方案和不理想方案,如何去选定一个作为执行的方案呢?综观许多决策的过程,就会发现在入选的方案中,通常不是选择最佳方案,而是选择一个理想方案。为什么?原来这也是一条选择的基本法则。最佳方案固然是好,但活动的广泛社会性的特点告诉人们,公众活动会受诸多因素制约。因此,其综合指标是很难达到最佳状态的,在一般情况下,对方案的选择当然是希望方案的质量高一点,一般不会选择合理的方案,更不会选择不理想的方案,所以做计划的时候,就应留有充分的余地,以选择理想方案为好。理想方案只是一个抽象的概念,还需要以科学的方法予以论证。

3.方案的论证

与优化方法经过上述两种方法筛选出来的方案,还不能马上“拍板”,还要进一步锤炼。锤炼就是对方案进行论证和优化。论证可以从下述三个角度入手。

一是检验目的是否明确?方案的可实现程度如何?

二是方案在实施过程中可能受社会限制性因素影响的程度。比如,资金、时间、人力、传播渠道等因素能否适应方案的要求?假如有可能解除这些限制因素，那么解除限制因素的方法又是怎样的？

三是实施过程中可能发生的问题和障碍，以及对这些问题和障碍的预防或解决的措施又是什么？

论证应该以一个工作小组形式进行。理想的论证组织是由决策者、专家、策划人员组成，并聘请专业顾问参与。论证一般可以采用先由策划人员介绍策划构思和策划构思的依据，然后由决策人、专家顾问提出质询，由策划人员答辩的方式进行。实现方案的优化，可以有几种不同的优化方法，主要有定位式优选法和优点移植法。通常，一个策划方案经过上述几轮的论证、优化、筛选，再加上决策者的实施决心，这时方案就可以“拍板”了。

第三节　群众文化活动的执行设计

一、群众文化活动执行

群众文化活动的执行是一个涉及策划、组织、实施和评估的复杂过程。

（一）策划阶段

群众文化活动的策划阶段详见本章第一节和第二节之论述。

（二）组织阶段

群众文化活动的组织阶段是确保活动顺利进行的基础和关键环节，涉及从活动策划到实施的全过程。

确定活动细节是组织阶段的首要任务，包括明确活动的目标和主题，确保活动能够满足群众的文化需求，同时制订详细的活动日程和选择合适的活动地点，为活动的顺利进行提供基础保障。

组建组织团队是组织阶段的核心工作，要根据活动的性质和规模，组建包括策划、执行、宣传、后勤等在内的多功能团队，并明确每个团队成员的职责和任务，确保团队成员之间的协作和配合。

预算与资金管理是组织阶段的重要环节，要详细规划活动的各项开支，包括场地租赁、设备租赁、宣传费用等，并通过政府拨款、企业赞助、票房收入等方式筹集活动资金，同时指定专人负责财务管理工作，确保资金使用的透明和合理。

宣传推广是组织阶段的必要工作，要制订宣传计划，制作活动海报、宣传册、社交媒体广告等宣传材料，并与报纸、电视、广播和网络媒体合作，发布活动信息，吸引更多的参与者和观众。

在物资准备与技术支持方面，要根据活动需求，采购或租赁必要的物资，如舞台设备、音响灯光、展示器材等，并在活动前对所有的技术设备进行检查和测试，确保活动当天的技术支持。

在志愿者与人员培训方面，要根据活动需求，招募足够的志愿者，并进行必要的培训，同时对工作人员进行岗位培训，确保他们了解自己的职责和应对突发情况的能力。

组织阶段可能存在票务与接待工作。如果活动需要售票，要确保票务系统的正常运行，并提供便捷的购票渠道，同时安排接待人员，为嘉宾、观众和参与者提供必要的信息和帮助。

在组织阶段的最后，要进行最后的检查，确保活动场地布置符合要求、设备摆放正确，复查活动流程要确保每个环节都有人负责，时间安排合理。

（三）实施阶段

群众文化活动的实施阶段是整个活动过程中最关键、最紧张、最具体、最繁杂的阶段，它直接关系到活动的成败。在这个阶段，组织者需要将策划阶段的设想转化为现实，确保活动的顺利进行，同时也要应对可能出现的问题和挑战。以下是实施阶段的主要工作内容。

活动现场布置与准备是实施阶段的首要工作。组织者需要根据活动需求进行场地布置，包括舞台搭建、观众席安排、功能区划分等，同时还要对音响、灯光、投影等设备进行检查和测试，确保设备正常运行。此外，还需要准备足够的活动物资，如座椅、帐篷、展板等，为活动的顺利进行提供基础保障。

在人员安排与培训方面，组织者需要明确各个团队成员的职责和任务，确保每个人都清楚自己的工作内容。对于志愿者和工作人员，组织者需要对他们进行培训，包括活动流程、岗位职责、应急处理等，确保他们具备应对突发情况的能力。同时，还需要确保所有工作人员熟悉活动流程和各自的工作职责，以保证活动的顺利进行。

宣传推广与媒体报道也是实施阶段的重要工作。组织者需要按照宣传计划执行宣传活动，包括社交媒体推广、户外广告、新闻发布等，以吸引更多的参与者和观众。对于媒体人员，组织者需要接待他们，提供必要的采访和拍摄条件，确保媒体报道的顺利进行。通过宣传推广和媒体报道，可以提高活动的知名度和影响力。

安全保障与风险管理是实施阶段的必要工作。组织者需要对活动现场进行安全检查，确保符合安全标准。同时，还需要制订应急预案，应对可能出现的安全问题和突发事件。在活动过程中，组织者需要持续进行风险评估，及时调整应对措施，确保参与者的安全。

活动流程控制是实施阶段的关键工作。组织者需要确保活动按照预定的时间表进行，避免延误。对于节目，组织者需要进行控制，确保节目质量和时间长度符合要求。此外，还需要协调各个团队成员，确保活动的顺利进行。通过有效的活动流程控制，可以提高活动的质量和效果。

在参与者接待与互动方面，组织者需要为参与者提供热情、周到的接待服务，包括签到、引导、咨询等。同时，鼓励参与者之间的互动和交流，营造良好的活动氛围。此外，还需要收集参与者的意见和建议，为活动的改进提供参考。通过良好的参与者接待与互动，可以提高参与者的满意度和活动的口碑。

资源整合与利用也是实施阶段的重要工作。组织者需要根据活动需求，合理调配人力、物力、财力等资源，以确保活动的顺利进行。在必要情况下，还需要与赞助商保持良好合作关系，充分利用赞助资源。此外，还需要与合作伙伴保持良好沟通，共同推动活动的顺利进行。通过有效的资源整合与利用，可以提高活动的效果和影响力。

后勤保障与支持服务是实施阶段的必要工作。组织者需要确保提供合适的餐饮服务，满足参与者的需求。同时，还需要为远道而来的参与者提供住宿和交通安排。此外，还需要设立医疗点，提供必要的医疗保障。通过良好的后勤保障与支持服务，可以提高参与者的满意度和活动的品质。

活动收尾与总结也是实施阶段的必要工作。活动结束后，组织者需要及时进行现场清理，确保场地整洁。同时，还需要回收活动物资，对借用的物资进行归还。在活动结束后，组织者需要对活动进行总结，分析活动的成功之处和不足之处，为今后类似活动提供借鉴。通过有效的活动收尾与总结，可以不断提高组织的活动策划和执行能力。

总之，在群众文化活动的实施阶段，组织者需要充分准备、精心策划、周密组织、有效协调，以确保活动的顺利进行和成功举办。

（四）评估阶段

群众文化活动的评估阶段是活动周期中的关键环节，它对活动的整体效果进行系统分析和评价，旨在总结经验、发现不足、改进方法，为今后类似活动的成功举办提供参考和指导。以下是评估阶段的主要内容。

确定评估目标是评估阶段的基础。组织者需要明确评估的目的，如了解活动影响力、参与度、满意度等，以便有针对性地开展评估工作。同时，还需制订评估标准和指标，为评估提供量化依据。

数据收集是评估阶段的重要工作。组织者应通过多种途径收集活动相关数据，如活动现场参与人数、观众反馈、媒体报道、社交媒体互动等。此外，还可以通过问卷调查、访谈等方式收集参与者的意见和建议，以便全面了解活动效果。

数据分析是评估阶段的关键环节。组织者需要对收集到的数据进行整理、分析和解读，找出活动的成功之处和不足之处。在数据分析上，多采用包括定量分析和定性分析相结合的方法①，以便准确地评估活动效果。

在活动效果评估方面，组织者需要从多个维度对活动进行评价。首先，评估活动的参与度，包括活动现场参与人数、观众来源、线上线下互动等。其次，评估活动的满意度，通过收集参与者的反馈意见，了解他们对

①高静．县域全民健身服务居民获得感的测度、影响因素及优化路径研究[D]．苏州：苏州大学，2022.

活动的整体评价。再次，评估活动的影响力，包括媒体报道数量、社交媒体传播范围、活动话题讨论热度等。此外，还需评估活动的创新性、互动性、教育性等方面，以全面了解活动的效果。

在财务评估方面，组织者需要对活动的预算执行情况进行审查，包括收入和支出的实际情况。通过财务评估，可以了解活动的资金使用是否合理，是否存在超支或浪费现象，为今后活动的预算编制提供参考。

团队评估是活动结束后对组织团队的整体表现和工作效果进行系统评价的过程，旨在通过分析团队的工作过程和成果，总结经验，发现不足，提升能力，为未来活动的顺利开展和持续改进提供依据。团队评估应包括对团队成员个人能力、协作精神、创新思维、问题解决能力等方面的综合评价，同时也应关注团队整体的沟通效率、决策质量、执行力、应变能力和工作氛围。通过定性与定量相结合的方法，如自我评估、同行评审、领导评价、参与者反馈等，可以全面了解团队的优势和劣势，进而制订有针对性的培训和发展计划，优化团队结构和工作流程，提升团队的整体表现和活动组织能力。

在风险评估方面，组织者需要回顾活动过程中出现的风险和问题，分析其产生的原因和应对措施的效果。风险评估应全面考虑各种潜在风险，包括技术故障、人员不足、资金缺口、法律合规问题、公共安全事件、健康卫生问题等。此外，风险评估还应包括对活动参与者的风险评估，如评估参与者的年龄、健康状况、特殊需求等，以确保活动的安全性和适宜性。通过风险评估，可以不断提高组织的风险防控能力，为今后类似活动提供有益借鉴，确保群众文化活动的顺利进行和参与者的安全。

撰写评估报告是评估阶段的重要成果。组织者需要根据评估结果，撰写详细的评估报告，总结活动的成功经验和不足之处，提出改进建议和措施。评估报告应包括活动背景、评估目的、评估方法、评估结果、改进建议等部分，以期为今后类似活动的策划和执行提供参考。

通过以上步骤，群众文化活动的评估阶段得以顺利进行，为今后活动的成功举办提供有力支持。

二、群众文化活动的执行设计原则

(一)目标导向

目标导向原则强调活动设计应紧密围绕既定的活动目标展开,确保活动的所有方面,包括活动内容、参与方式、宣传推广等,都直接或间接地服务于实现这些目标。设计者要不断审视和调整活动设计,以确保其与目标保持一致,从而使活动能够有效地满足群众的文化需求,提升群众的文化素养,促进文化的传承和发展。

(二)参与性

参与性原则强调活动设计应充分考虑群众的实际需求和参与意愿,通过设计易于参与、互动性强、趣味性高的活动内容,吸引广大群众积极参与。设计者要充分调研群众的喜好和需求,设计出符合群众实际参与条件和文化背景的活动,让群众在参与过程中感受到活动的乐趣,从而提高活动的吸引力和参与度。

(三)可行性

可行性原则要求在活动策划和执行过程中,充分考虑活动所需的各种资源,包括资金、人力、物资等,确保活动设计符合实际资源条件,能够在现有资源基础上顺利实施。设计者要对活动所需的资源进行充分评估和规划,确保活动设计在资源限制下仍能达到预期的效果,同时也要为可能出现的资源缺口制订相应的应对措施,以保证活动的顺利进行。

(四)教育性

教育性原则强调活动设计应融入教育价值,通过活动内容和形式的设计,使群众在参与过程中获得知识和文化素养的提升。设计者要充分考虑活动对群众的教育意义,设计出能够传递文化知识、促进文化传承和普及的活动,使群众在参与活动的同时,能够学习到相关的文化知识,提升自身的文化素养。

(五)变通性

变通性原则强调活动设计应具备一定的弹性,以适应不可预见的变化和需求。设计者要充分考虑可能出现的各种情况,如天气变化、参与者需求变动等，并制订相应的应对措施。通过灵活调整活动内容和形式，确保活动能够在各种情况下顺利进行，满足群众的需求，提升活动的质量和效果。

（六）互动性

互动性原则强调活动设计应鼓励参与者之间的互动交流，增进社会联系和沟通。设计者要设计出能够促进参与者互动的活动内容和形式，如小组讨论、合作游戏、角色扮演等。通过增强参与者之间的互动，活动可以营造积极向上的社会氛围，促进文化的传承和发展，使群众在参与活动的同时，能够建立更紧密的社会联系，提升自身的社交能力和团队合作能力。

（七）可持续性

群众文化活动的执行设计可持续性原则强调活动设计应注重长期影响，考虑对环境的长期影响，倡导可持续发展的理念。设计者应充分考虑活动的环境影响，采用环保、节能、资源循环利用等可持续性措施，减少对环境的负面影响。同时，活动设计应注重社会效益，通过活动提升群众的文化素养，促进社会和谐与进步。通过遵循可持续性原则，群众文化活动的执行设计可以实现文化传承、环境保护和社会发展的有机统一，为构建可持续发展的社会贡献力量。

（八）责任性

责任性原则强调活动设计应体现对社会的责任，促进社会和谐与进步。设计者要充分考虑活动对社会的影响，确保活动内容积极向上、健康有益，符合社会主义核心价值观。同时，设计者需要承担社会责任，关注弱势群体，确保活动能够惠及更多群众，提升社会的整体文化水平。通过遵循责任性原则，群众文化活动的执行设计可以更好地服务社会，传递正能量，促进社会的和谐与进步。

第四节　群众文化活动的组织结构设计

一、群众文化活动的组织结构

群众文化活动的组织结构是指为了完成特定目标而设置的人的职务及其关系的结构。一个合理、高效、协调、充满持久活力与创造力的群众文化组织结构是保障活动顺利圆满完成的重要前提和基础。群众文化活动的组织结构通常呈现为金字塔型,包括决策层、管理层、操作层三个层次。一般来说,群众文化活动的组织结构具体由以下几个关键部分组成。

(一)领导层

领导层是确保活动顺利进行的核心管理层,负责活动的整体统筹和协调工作。该层由具有丰富经验和领导才能的成员组成,包括活动负责人、项目经理、部门主管等。领导层的工作主要包括制订活动目标、策划活动方案、协调团队内部及与其他部门的合作等。领导层需要确保活动按照既定的目标和计划进行,同时应对可能出现的突发事件。通过领导层的有效管理,群众文化活动的各个环节能够得到有效协调和配合,确保活动的顺利进行和取得成功。

(二)策划团队

策划团队是确保活动成功的关键组成部分,负责整个活动的策划和筹备工作,包括确定活动目标、主题、预算、时间表等。策划团队还负责与各相关部门协调,确保活动策划的顺利进行。该团队的工作方向包括活动策划、预算管理、场地布置、节目内容策划、宣传推广、志愿者招募与管理、合作伙伴关系、风险评估与应对以及活动评估等方面。策划团队的工作主要包括确定活动主题、目标、形式和内容,撰写活动策划书,制订详细的活动计划和时间表,以及与各相关部门协调,确保活动策划的顺利进行。

(三)执行团队

执行团队是确保活动顺利进行的核心力量,负责将策划团队的设想转化为现实。该团队的工作方向包括场地布置、物资采购、人员安排、技术支持、安全保障、现场管理等。执行团队的工作主要包括场地布置与准备、人员安排与培训、物资准备与技术支持、安全保障与风险管理、活动流程控制、参与者接待与互动、资源整合与利用、后勤保障与支持服务、活动收尾与总结等方面。

（四）宣传团队

宣传团队是活动成功的关键组成部分，负责活动的宣传推广工作。该团队的工作方向包括宣传策划、媒体合作、线上宣传等。团队成员需要具备良好的沟通能力、创新思维和解决问题的能力。宣传团队的工作主要包括制订宣传计划、制作宣传材料、协调媒体合作、推广活动信息等方面。

（五）后勤团队

后勤团队是确保活动顺利进行的重要保障，负责活动的后勤保障工作。后勤团队的工作主要包括提供餐饮服务、安排住宿交通、提供医疗保障等方面。通过团队成员的共同努力，后勤团队能够确保参与者的基本需求得到满足，提供良好的服务，为活动的成功举办打下坚实的基础。

（六）技术团队

技术团队在活动中发挥着至关重要的作用，他们通过提供专业的技术支持，确保活动的顺利进行，为参与者提供高质量的文化体验。技术团队主要负责活动的技术保障工作。技术团队的工作主要包括音响、灯光、投影等设备的安装和调试，确保活动期间的技术设备正常运行。

在活动策划和执行过程中，技术团队需要与策划团队、执行团队、后勤团队等其他部门紧密合作，确保活动技术的顺利实施。他们需要根据活动需求，提前准备并安装调试音响、灯光、投影等设备，确保设备在活动期间能够正常运行。同时，技术团队还需要应对可能出现的突发事件，如设备故障、电力问题等，及时采取措施解决问题，确保活动的顺利进行。此外，技术团队还需要根据活动特点和场地条件，为活动提供个性化的技术支持。例如，对于需要大型音响系统的户外活动，技术团队需要确保音响系统的稳定性和音质效果；对于需要高清投影的室内活动，技术团队需要确保投影设备的清晰度和亮度。通过提供专业的技术支持，技术团队能够提升活动的观赏性和体验感，为参与者带来高品质的文化享受。

（七）安全团队

安全团队主要负责活动的安全保障工作。团队成员需要具备良好的执行力、沟通协调能力和应对突发事件的能力。安全团队的工作主要包括场地安全检查、食品安全管理、医疗急救准备等方面。

在活动策划和执行过程中，安全团队需要与其他团队合作，确保活动安全措施的顺利实施。他们需要根据活动需求，提前进行场地安全检查，确保场地符合安全标准。同时，安全团队还需要对食品供应商进行严格筛选，确保食品安全。此外，安全团队还需要制订医疗急救预案，并准备必要的医疗设备，以应对突发事件。在活动期间，安全团队需要进行现场巡逻、监控活动场地的安全状况并及时处理突发事件。他们需要与活动现场的其他部门保持密切沟通，确保在发生紧急情况时能够迅速采取措施。通过提供专业的安全保障，安全团队能够确保活动的安全顺利进行，为参与者提供安全的环境，同时为活动的成功举办打下坚实的基础。

（八）志愿者团队

志愿者团队主要负责协助活动的执行工作。该团队由具有热情、责任感和奉献精神的志愿者组成，他们来自不同背景，但共同为活动的成功举办贡献力量。志愿者团队的工作主要包括现场引导、观众服务、活动支持等。他们需要接受培训，具备应对突发事件的能力。

二、群众文化活动的组织结构设计原则

（一）任务与目标原则

在群众文化活动的组织结构设计中，任务与目标原则是其核心与灵魂，它贯穿于整个设计过程的始终，确保了活动的方向性、目的性和有效性。这一原则要求设计者在设计组织结构时，首先要清晰明确地界定活动的任务，即活动的核心内容和主要工作。任务是活动的出发点和归宿，是组织结构设计的基础。明确的任务能够为后续的部门划分、职责分配和工作流程设计提供明确的指导。例如，如果活动的目标是推广传统文化，那么组织结构中就应该包含专门负责传统文化展示和宣传的部门。在明确

任务的基础上，应制订具体可行、有针对性的目标。目标是任务的具体化，它明确了活动的预期成果和要达到的标准。一个清晰的目标能够激发设计者的积极性和创造性，引导设计者朝着正确的方向努力。在制订目标时，需充分考虑活动的性质、规模、资源条件以及群众的文化需求，确保目标既具有可操作性又具有挑战性。

任务与目标原则要求设计者实现任务与目标的紧密结合。在设计组织结构时，要始终围绕任务和目标进行思考和决策，确保组织结构的设置能够为实现活动的任务与目标提供有力的支持。设计者要根据任务的性质和目标的要求，合理设置组织结构的层次和部门，明确各部门的职责和权限，确保每个部门都能够为实现目标贡献自己的力量。同时还要建立有效的沟通机制和协作机制，确保各部门之间能够紧密配合、协调一致地完成工作任务。

（二）专业分工与协作原则

专业分工与协作原则不仅体现了现代组织管理的精髓，也确保了群众文化活动的高效、有序进行。它要求在组织结构设计时，既充分考虑到各个部门和岗位的专业性和独特性，进行合理的专业分工，以发挥工作人员的专业优势；又强调各部门、各岗位之间的紧密协作，形成合力，共同推动活动的顺利进行。

专业分工是组织结构设计的基础。在群众文化活动中，不同的任务和工作需要工作人员有不同的专业知识和技能。因此，在组织结构设计中，应根据活动的具体内容和要求，将工作划分为不同的专业领域，并设置相应的部门和岗位。这些部门和岗位的相关人员应掌握各自的专业知识和技能，能够独立承担并完成各自的工作任务。通过专业分工，可以确保每个部门和岗位都能够充分发挥其作用，提高工作效率和质量。

专业分工并不意味着各部门、各岗位之间相互独立、互不干涉。相反，协作是组织结构设计中的另一个重要方面。在工作中，各部门、各岗位之间是相互联系、相互依存的。因此，在组织结构设计中，应强调各部门、各岗位之间的紧密协作。比如，建立明晰的协作流程，明确各部门、各岗位在协作中的职责和角色；建立有效的沟通机制，确保信息在各部门、各岗位之间畅通无阻;建立有效的激励机制,激发各部门、各岗位的协作意愿和积极性。

专业分工与协作原则在群众文化活动的组织结构设计中有着广泛的应用。例如,在活动策划阶段,需要策划部门根据活动的目标和要求,制订详细的策划方案。同时,也需要其他部门如宣传部门、后勤部门等提供支持和协助。在活动执行阶段,需要各部门按照策划方案的要求,各司其职、紧密协作,确保活动的顺利进行。在活动总结阶段,需要各部门共同总结经验教训,为今后的活动提供借鉴和参考。

(三)有效管理幅度原则

有效管理幅度原则关乎组织内部管理的效率与效果。有效管理幅度原则主要强调的是在构建组织架构时,需要充分考虑各级管理者的管理能力与管理范围的匹配性,确保各级管理者能够高效地完成管理任务,能对其所负责的部门或团队进行有效的管理和指导。同时,有效管理幅度原则也要求组织注重管理过程中的沟通与协调以及组织的灵活性和适应性。只有这样,才能确保群众文化活动的顺利进行和高效执行。

有效管理幅度原则要求合理划分管理层次,明确各级人员的职责和权限。一个成功的群众文化活动组织结构应该具备清晰的管理层级,从顶层决策者到基层执行者,每个层级的管理者都应有明确的职责范围和权限界定。这样,各级管理者才能在其管理幅度内充分发挥作用,确保活动的顺利进行。

有效管理幅度原则强调在分配管理任务时要考虑管理者的实际能力。每个管理者的能力、经验和知识背景都有所不同。因此,在分配管理任务时,需要根据其实际能力来设定合理的管理幅度。这样,管理者才能在其能力范围内高效地完成管理任务,避免因管理幅度过大而导致的管理失误和效率低下。

有效管理幅度原则注重管理过程中的沟通与协调。在工作中,各部门、各团队之间需要密切协作,共同完成活动任务。因此,各级管理者之间需要保持沟通渠道的畅通,及时了解彼此的工作进展和困难,协调解决各种问题。通过有效的沟通与协调,可以使各部门、各团队之间协作顺畅,提高整个组织的运行效率。

有效管理幅度原则强调在组织结构设计中要注重灵活性和适应性。群众文化活动的规模和复杂性可能会随着时间和环境的变化而发生变化。因此,在设计组织结构时,需要充分考虑未来可能出现的变化情况,使组织具有一定的灵活性和适应性。

(四)集权与分权相结合原则

集权与分权相结合的原则不仅关注组织整体的统一性和协调性,同时也强调各级管理者在特定领域内拥有适度的自主权和决策权。它要求设计者在设计组织结构时,既要保证核心决策和资源的集中控制,以维持整体的稳定和一致性;又能在确保统一目标的前提下,给予各层级、各部门适当的自主权,以适应不同任务、不同环境下的工作需求。这种平衡机制不仅能够提高组织的决策效率和执行力,还能够激发下级部门和成员的创新精神和积极性,推动群众文化活动的不断发展。

集权保证了群众文化活动的组织决策具有高度的统一性和连贯性。在活动策划、资源分配、预算制订等关键领域,集中决策能够确保资源得到最优配置,避免分散决策可能带来的资源浪费和冲突。此外,集权还有助于保持组织的稳定性和一致性,确保所有成员都能够明确理解并遵循组织的总体目标和战略。然而,过度的集权也会带来一些问题。一方面,过度集权可能导致决策过程缓慢,因为所有决策都需要经过中央管理层的审批和协调。在群众文化活动中,这种延迟可能会错过一些重要的时机,影响活动的顺利进行。另一方面,过度集权也可能抑制下级部门和成员的创新精神和积极性,因为他们缺乏足够的自主权和决策权来应对各种挑战和变化。

因此,在群众文化活动的组织结构设计中,需要引入分权的原则。分权意味着将部分决策权下放给下级部门和成员,使他们能够根据自身的职责和任务,在特定领域内迅速做出灵活的决策。这种分权不仅有助于提高决策效率,还能够激发下级部门和成员的创新精神和积极性,使他们更加主动地参与工作。

不过,分权并不意味着完全放弃集权。在分权的同时,仍然需要保持对核心决策和资源的集中控制，以确保整体目标的实现和资源的有效利用。此外，还需要建立有效的沟通机制和监督机制，以确保下级部门和成员在行使自主权时能够遵循组织的总体目标和战略。

（五）群众参与原则

群众参与原则强调在活动组织过程中，必须充分尊重并发挥群众的主体作用，鼓励群众参与，推动活动的顺利进行。群众参与原则不仅体现了民主管理的精神，更是确保活动贴近群众需求、满足群众期待的关键所在。

群众参与原则要求设计者在组织设计之初，就应充分考虑群众的需求和意愿，通过广泛调研和征求意见，了解群众对活动的期望和建议，从而确保组织目标内容中的活动内容、形式和时间安排等都能够满足群众的实际需求。此外，了解群众需求也有利于有针对性地设置部门、岗位，更好地满足群众的需求和期望。

群众参与原则强调在活动组织过程中，要充分发挥群众的主观能动性，要鼓励群众积极参与活动的策划、组织、实施和评估等各个环节，使群众成为活动的主体和推动者。例如，设立群众意见箱、开展群众座谈会，收集群众的意见和建议，参考调整任务目标，确保活动能真正体现群众的意愿和需求。设计组织结构时还可以留意对优秀群众的任用。有些群众可能来自不同的领域和背景，拥有独特的视角和丰富的经验，能够为组织带来新的思考方式和解决方案。他们的参与有助于激发组织的创新活力，使群众文化活动更加丰富多彩、具有吸引力。但在这个过程中需明确组织的定位和任务目标，确定需要吸收哪些类型的优秀群众。

（六）创新与发展原则

在群众文化活动的组织结构设计中，创新与发展原则是推动组织焕发活力的核心动力。这一原则强调在保持传统活动精髓的基础上，不断引入新思想、新方法和新手段，以适应时代的变化和群众需求的发展。

创新与发展原则要求活动更加强调尊重文化管理机制的创新，通过增强管理者的群众文化活动意识能够调动公众参与到群众文化活动当中的积极性,在优化结构与团队的基础上满足群众多样化的文化需求。[①]

在创新的同时,还要注重发展。发展是创新的前提和基础,只有不断发展,才能为创新提供源源不断的动力。在群众文化活动的组织结构设计过程中,要关注群众需求的变化和社会发展的趋势,及时调整任务目标,以适应新的形势和挑战。例如,随着人们对健康生活的追求日益增强,任务目标可以与健康、健身相关联,以满足群众的需求,然后以任务目标为指导设计组织结构。

①孟玲莹.浅谈群众文化活动的时代价值及其管理创新[J].商品与质量,2021,(10):57.

第四章　群众文化活动方案的编写

第一节　群众文化活动方案的类别、作用与特征

群众文化活动方案是指针对特定群体或社区组织的文化活动计划。这些活动旨在促进文化交流、增强社区凝聚力、丰富群众的精神文化生活，并推动社会主义核心价值观的传播和实践。一个完整的群众文化活动方案通常包括活动目的、活动主题、活动内容、参与对象、时间地点、组织实施、效果评估等多个方面。

一、群众文化活动方案的类别

在通常情况下，可按照工作性质、属种关系和活动内容三个方面对群众活动方案进行分类。

（一）按工作性质划分

策划与实施是举办群众文化活动过程中的两个完全不同性质的工作类型，因此在其方案中也表现出完全不同的性质特征。

按活动性质划分，群众文化活动方案可分为设计方案和实施方案两大类。设计方案主要反映该项文化活动从点子、创意到策划各阶段的内容、形式、布局以及各相关元素的构思和设计。实施方案则主要反映该项活动在实际操作过程中的方式、方法及具体安排。两类方案各自承担的任务不同，其方案编制者的思维方式和构思的方法也不尽相同。设计方案为实施方案提供了依据，实施方案又为活动的具体运作提供了依据。

设计类方案又可分为活动创意和活动策划两类方案，这两类方案虽然都属于设计类范畴，但各自的目的和侧重点却不相同。创意方案的编写目的主要是加深主办方和受众对该项活动的认识，为活动的决策机构准确做

出判断提供依据。因此，在方案的编写上更加侧重活动特色的渲染，将较多的笔墨用在对活动的意义、内容和形式的亮点等方面。方案的编写风格也相对形象、活泼，富有鼓动性和宣传性。而策划方案的编写目的是直接为活动的实施提供依据。更加注重活动的总体布局和相关要素的设计，将主要精力放在活动的可行性、机构的设置、内容分布和安排、经费预算等方面。方案的编写更加系统、全面，使承办方在编写实施方案时对活动看得见、摸得着，做到心中有数。

实施类方案可分为活动实施方案和活动应急方案，这两类操作性方案虽然存在较大差异，但相互关联密不可分。实施方案是策划方案的延续，是任务化了的策划方案。实施方案所涉及的全部内容都是以在正常状态下的操作为前提的，其操作内容和程序的设计都来源于策划方案。因此，在方案的内容上不能照搬策划方案的设计模式，应将策划方案中的感染力转化为实际操作方法。工作任务分配、步骤安排、经费使用等是实施方案编写的重点，直观、具体是实施方案编写的基本要求。应急方案是实施方案的延续，是针对非正常状态的特殊操作设计。在开展群众文化活动，特别是大型活动时，不确定因素的存在是不可避免的。意外事件的预防主要体现在活动的应急方案之中。因此，活动应急点的确认，应急任务的分配和应急措施的确定是应急方案编写的重点。简洁、明确是应急方案编写的基本要求。

（二）按属种关系划分

群众文化活动的丰富性和群众性决定了其运作实施的复杂性。在开展中型以上群众文化活动时，仅仅依据总体方案的设计是很难完成全部操作程序的，必须将策划方案和实施方案进一步细化，形成完整的方案系统，才能确保各项活动任务的顺利完成。

为了顺利完成各项活动任务，总指挥系统和工作系统必须严格按照活动的总策划方案和实施方案的设计程序进行运作；在通常情况下，活动的总指挥系统和工作系统下面应当设立各级分支系统，他们在上级领导系统的指挥下建立各自相对封闭的内在工作循环系统，并按照工作任务的要求与标准制订适合本分支系统的活动方案；为了保证各类任务的顺利进行，各分支系统又要将自身所承担的任务，按照不同的类别分配到不同的单项任务部门，各单项任务部门根据自身的具体状况制订相应的方案细则。例如，某项大型群众文化活动在总指挥系统下设立了若干的分支系统，分支系统中的宣传系统又按照任务分成新闻发布部门、媒体联络部门、稿件征集审批部门等，这些部门都要制订自己的工作方案。各级系统的运作意图和模式都要体现在各自的设计或实施方案上来。

综上所述，按照群众文化活动工作系统的属种关系划分，活动方案可分为总方案、分支方案及单项方案细则。

活动方案的级别越高，其宏观性和综合性也就越强。基层部门的单项任务方案往往会带有内容单一、专业性强的特点。

（三）按内容划分

按照活动的内容来编写方案是策划人和实施方经常采用的运作方法。这里所指的活动内容不是针对活动项目的主题内容而言的，而是指活动中各类工作任务的内容。

按活动内容的角度划分，群众文化活动方案可分为群众艺术类方案、宣传鼓动类方案、后勤保障类方案、安全保障类方案、协调管理类方案、文秘档案类方案、其他相关方案等。

群众艺术类方案：群众文化活动是以文学艺术及文化娱乐为载体的群众性文化活动，活动的艺术类设计和运作计划往往是活动方案中的主要阐述内容。例如，文艺演出活动的节目编排、舞台美术的设计、音乐的创编制作、服装道具的设计等；群众性歌咏比赛的场次安排、舞台音响设计、评委组成等；群众性游园活动的文艺演出安排、艺术品展览布置、游艺娱乐活动设计等。编写群众艺术类方案应注意其生动性和富有感染力的特征，应给承办方以足够的想象空间。活动的特色往往在此类方案中得到体现。

宣传鼓动类方案：群众文化是我国公共文化服务体系中的重要组成部分，社会效益是衡量活动成果的重要标准，宣传教育功能是活动的主要功能，因此宣传鼓动类方案的编写就显得格外重要。例如，开展活动前新闻发布会的策划；为了满足群众的文化需求，提高活动的社会影响力而进行的各类宣传项目设计等。编写此类方案应在群众的需求热点和活动的目的上面下功夫。广大群众对此项活动的内涵是否理解,很大程度上取决于宣传活动是否成功。

后勤保障类方案:后勤保障是群众文化活动的重要任务内容。无论小型活动还是大型活动,后勤保障都是必不可少的。例如,交通保障、经费提供、食宿供给、通信联络保障等。方案的编写者在制订方案前必须要将活动的特点和完成各项任务的必要因素分析清楚并最终确认,这是此类方案的必要条件。

安全保障类方案:安全保障是开展群众文化活动的关键性内容,任何文化活动都以安全作为第一要素。方案的编写者应将主要精力放在方案的制订之前,要调查清楚各类安全隐患,并纳入方案,作为方案的主要内容,不能留有任何死角。安全保障类方案的编写重点是预防措施的制订,要做到准确、实用。在通常情况下,人员安全、设备设施安全、环境保护等是方案编写的重中之重。

协调管理类方案:在开展中型以上的群众文化活动的过程中,对内、对外的协调和管理任务是必不可少的,此类方案的制订是确保活动顺利进行的重要保证。例如,岗位、部门之间的协调磨合,合作单位之间的相互配合,活动各环节之间的衔接运作等。此类方案的编写重点应是各类规范、制度和管理标准的设定认同,以及协调方式方法的约定等方面。

文秘档案类方案:这类方案往往容易被人们忽视,但在实际工作中又十分重要,它是维系活动运行的良性秩序的重要因素。例如,各类文件的起草、报送,内部、外部的沟通联络和接待,信息资料的收集使用,各类材料的归类入档等。此类方案所涉及任务内容的规范性、制度性较强,编写风格与群众艺术类方案有明显不同。方案结构要严谨有序,突出服务性和条理性。

其他相关方案:由于群众文化活动具有群众性和多样性,在实际策划和运作中会出现一些特殊的或非常规性情况和任务内容。例如,我国少数民族地区的特色活动项目内容需要考虑到当地的文化传统、习俗和语言等特殊因素。策划时,应尊重和体现少数民族的文化特色,确保活动内容符合当地的文化背景和需求。特殊活动的策划需要考虑到特殊的限定条件和设计要求，以确保活动的成功和参与者的满意度。

二、群众文化活动方案的作用

群众文化活动方案在组织和实施群众文化活动中发挥着至关重要的作用，其主要作用包括以下六个方面。

其一，明确目标与方向。群众文化活动方案的首要作用是明确活动的目标和方向。它可以帮助组织者清晰地认识到活动的目的、意义以及希望达到的效果，从而确保活动的实施始终围绕这些核心目标进行。

其二，规划活动内容与形式。群众文化活动方案详细规划了活动的内容、形式、规模、时间、地点等要素。这有助于确保活动的丰富性、多样性和吸引力，同时使活动更加符合群众需求、更能发挥当地的文化特色和资源条件。

其三，优化资源配置。通过群众文化活动方案，组织者可以更加合理地调配和整合各种资源，如场地、设备、资金、人才等。有助于避免资源的浪费和闲置，提高资源的利用效率。

其四，提升宣传效果。群众文化活动方案通常会包含宣传推广的计划策略。通过有效的宣传和推广，可以吸引更多的群众参与活动，提高活动的知名度和影响力，扩大活动的受众范围。

其五，确保活动安全。群众文化活动方案关注活动的安全管理问题。通过制订详细的安全管理计划和应急预案，可以确保活动过程中群众的人身安全和财产安全。有助于消除安全隐患，降低意外事件的发生率，保障活动的顺利进行。

其六，提供执行指导。群众文化活动方案是活动的行动指南，它为活动的执行提供了详细的指导和支持，使组织者和工作人员能够清晰地了解各自的任务和职责，确保工作的有序开展，活动的有序进行。

三、群众文化活动方案的特征

（一）目的明确

群众文化活动方案以满足群众的精神文化需求，提升群众的文化素养和审美水平为目的。群众文化活动方案通常会针对特定的人群、地域或文化需求进行撰写，确保活动的内容和形式能够满足目标群体的期望。

（二）内容的广泛性和多样性

群众文化活动方案通常包含丰富多样的活动内容。这些活动可能涉及民间艺术表演、社区文化节、广场舞蹈、街头艺术表演等多种形式，旨在满足不同年龄、性别、职业和兴趣爱好的群众需求。

群众文化活动方案中的活动形式也具有多样性，既有传统的文化活动形式，也可能有结合现代科技的创新形式，如线上直播、虚拟现实等。

（三）地域性和特色性

群众文化活动方案的地域性与特色性体现在紧密结合当地地理背景，充分利用地域特色资源，围绕具有地方特色的主题进行策划，包含丰富多样的活动内容和独特的活动形式以及充分融合地域文化元素等方面。这些特点共同构成了群众文化活动方案的核心吸引力，使其成为传承和弘扬地方文化的重要载体。

1.地域性

在对群众文化活动方案进行策划的过程中，还要对当地文化资源善加利用，与群众的日常生活相贴合，让整个活动更加富有地域特色，从而获得群众的广泛支持和喜爱。[①]例如，在山区、水乡或海滨等不同的地理环境中，活动的内容、形式和氛围都会有所不同。有些活动方案会充分利用当地的地域特色资源，如地方戏剧、民间歌舞、传统手工艺等，这些资源为活动提供了丰富的素材和灵感。

2.特色性

活动主题鲜明：群众文化活动方案会围绕具有地方特色的主题进行策划，如“水乡文化节”“山区民俗展”等，这些主题能够直观地展现活动的特色。

活动内容丰富多样：方案中包含的活动内容丰富多样，既有传统的文化活动形式，也有结合现代科技的创新形式。例如，在“水乡文化节”中，可以安排龙舟比赛、水乡歌舞表演、水乡美食展等多样化的活动。

活动形式独特：群众文化活动在形式上也具有独特性。比如，在山区

---

①韩顺政．新时期群众文化活动策划的路径探析［J］．参花（下），2023(10)：119—121.

举行的民俗展中,可以采用户外徒步、民俗体验等方式,让群众亲身参与并感受当地的文化魅力。

地域文化元素的融合:活动方案会充分融合地域文化元素,包括地方方言、民间艺术、民间传说等,这些元素为活动增添了浓厚的地域色彩和独特的文化氛围。

(四)创新性

群众文化活动方案需要不断创新,结合时代发展和群众需求的变化,引入新的元素和形式,使活动更具有时代感和新鲜感。

(五)时效性

针对某些在特定的时间节点开展的群众文化活动,活动方案需要考虑时效性,以充分利用当时的特定氛围和群众情绪。

第二节　群众文化活动策划方案和实施方案的基本结构

一、群众文化活动策划方案的基本结构

(一)策划方案名称

尽可能具体地写出策划名称并置于页面中央,也可以在写出正标题后将此作为副标题写在下面。

(二)活动背景

应根据策划书的特点在以下项目中选取内容重点阐述,具体项目有:基本情况简介、主要执行对象、近期状况、组织部门、活动开展原因、社会影响以及相关目的动机。同时,还应说明问题的环境特征,主要考虑环境的内在优势、弱点、机会及威胁等因素,对其做好全面的分析,将内容重点放在环境分析的各项因素上,对过去、现在的情况进行详细的描述,并通过对情况的预测制订计划。如环境不明,则应该通过调查研究等方式进行分析加以补充。

(三)活动目的、意义和目标

活动的目的、意义应使用简洁明了的语言将目的要点表述清楚;在陈述目的要点时,该活动的核心构成或策划的独到之处及由此产生的意义(经济效益、社会利益、媒体效应等)都应该明确写出。活动目标要具体化,并需要满足重要性、可行性、时效性等要求。

(四)资源需要

列出所需人力资源、物力资源,包括活动组织结构和活动使用的地点,可以列为已有资源和需要资源两部分。

(五)活动开展

作为策划的正文部分,表现方式要简洁明了,使人容易理解,但表述方面要力求详尽,写出每一点能设想到的东西,没有遗漏。

在此部分中,不仅仅局限于用文字表述,也可适当加入统计图表等;对策划的各工作项目,应按照时间的先后顺序排列,绘制实施时间表有助于方案核查。人员的组织配置、活动对象、相应权责及时间地点也应在这部分加以说明,执行的应变程序也应该在这部分加以考虑。

会场布置、接待室、嘉宾座次、赞助方式、合同协议、媒体支持、校园宣传、广告制作、主持、领导讲话、司仪、会场服务、电子背景、灯光、音响、摄像、信息联络、技术支持、秩序维持、衣着、指挥中心、现场气氛调节、接送车辆、活动后清理人员、合影、餐饮招待、后续联络等,可根据实情自行调节。

(六)经费预算

活动的各项费用在根据实际情况进行具体、周密的计算后,用清晰明了的形式列出。

(七)活动负责人及主要参与者

注明组织者、参与者姓名、嘉宾、单位(如果是小组策划应注明小组名称、负责人)。

(八)有关资料或有关的工作提示

活动中应注意的问题及细节包括以下几点。

其一，内外环境的变化，不可避免地会给方案的执行带来一些不确定性因素。因此，当环境变化时是否有应变措施、损失的概率是多少、造成的损失多大、应急措施有哪些等也应在策划中加以说明。

其二，本策划书提供基本参考方面，小型策划书可以直接填充；大型策划书可以不拘泥于表格，自行设计，力求内容详尽、页面美观。

其三，可以专门给策划书制作封页，力求简单、凝重；策划书可以进行包装，如用设计的微标做页眉，图文并茂等。

其四，如有附件可以附于策划方案后面，也可单独装订。

其五，一个大策划方案，可以有若干子策划方案。①

二、群众文化活动实施方案的基本结构

（一）活动概述

活动名称：明确活动的正式名称。

活动背景：简要介绍活动的起源、历史背景。

活动目的：阐述活动的宗旨、目标和预期效果。

（二）活动主题

主题设定：根据活动背景和目的，设定具有吸引力和代表性的活动主题。

主题意义：解释主题背后的文化含义和时代价值。

（三）活动时间与地点

时间安排：确定活动的起止时间、活动周期、关键节点等具体时间安排。

地点选择：介绍活动举办的具体地点，说明场地的设施条件和容纳人数。

（四）参与对象与方式

参与对象：明确活动的参与对象，如社区居民、学生、企事业单位职工等，并设定参与条件。

参与方式：介绍参与活动的具体方式，如报名方式、参与流程、费用等。

---

①李光南，林照华．文艺编排与策划教程[M]．合肥：合肥工业大学出版社，2019.

（五）活动内容

主要活动：列出活动的主要内容和形式，如文艺演出、手工艺展示、文化讲座等。

特色活动：根据活动主题和地域特色，设计具有创新性和独特性的特色活动。

互动游戏：设计与活动主题相关的互动游戏，增加活动的趣味性和参与性。

文化体验：组织群众参与传统文化体验活动，如书法、绘画、剪纸等。

（六）活动流程

活动准备：包括场地布置、设备调试、人员培训等准备工作。

活动进行：详细列出活动的流程和时间节点，包括开幕式、各项活动和闭幕式等。

活动总结：在活动结束后进行总结和评估，收集群众反馈和建议，为后续活动提供改进依据。

（七）宣传与推广

宣传渠道：选择适合的宣传渠道，如社交媒体、传统媒体、户外广告等。

宣传内容：制作吸引人的宣传材料和海报，突出活动主题和特色，激发群众参与热情。

（八）经费预算与来源

经费预算：制订详细的经费预算，包括场地租赁、设备购置、人员费用等。

经费来源：明确经费来源和筹集方式，如政府拨款、企业赞助、社会捐赠等。

（九）安全保障与应急预案

安全保障：制订安全保障措施和制度，确保活动过程中人员和财产安全。

场地安全检查：在活动前对场地进行安全检查，确保场地设施安全。

人员安全培训：对参与活动的工作人员进行安全培训，提高工作人员的安全意识。

应急预案:制订应急预案和处置措施,以应对可能出现的突发情况和安全问题。

紧急疏散预案:制订紧急疏散预案,确保在紧急情况下能够迅速疏散人员。

突发情况处置:针对可能出现的突发情况,制订相应的处置措施和流程。

(十)附件

包括活动相关的表格、海报、流程图等附属材料。

第三节　群众文化活动应急方案的编写

一、群众文化活动应急方案的基本结构

在群众文化活动的实施过程中,应急设计是确保活动顺利完成的最后防线。群众文化活动的策划人员,要结合以往群众文化活动的开展经验,对可能出现的突发现象(恶劣天气、通信中断、电力中断等)策划相应的应急方案,这样才能够最大限度保证群众文化活动的正常展开。[①]应急方案的编写必须准确无误,简明直观,可操作性强。

(一)题目

应急方案的题目包括活动应急科目、应急内容和方案类别三方面内容。应急科目是指本项应急方案针对的活动科目;应急内容是指活动科目内的具体应急内容及范围;方案类别是指本方案的种类性质。例如:《XX市春节花会表演交通疏导应急方案》中的“XX市春节花会表演”即是应急科目,“交通疏导”即是应急内容,“应急方案”即是方案类别。

(二)应急目的

应急目的是应急方案中十分关键的阐述部分,是确定应急任务和落实

①刘怡. 讨论新时期群众文化活动的组织与开展[J]. 艺术品鉴,2019(02):300—301.

各项措施的基本依据。从总体上讲,应急目的应当从确保策划案和实施计划的实现;避免损失或将损失减少到最低程度;对实施计划进行调整等方面进行思考和论证。由于活动所处的具体状况不同,应急目的的侧重点也各不相同。在应急方案中阐述的应急目的部分应当具体明确,避免空泛笼统。

由于活动所处的具体状况不同,应急目的的侧重点也会有所不同。例如,在大型群众性活动中,人员安全可能是应急目的的重点;而在技术性较强的活动中,设备安全和技术故障的应急可能更为重要。

在撰写应急方案时,应急目的的阐述应当紧密结合活动的具体特点和潜在风险,确保方案的针对性和实用性。

(三)应急内容

在活动的具体实施过程中,应当以应急目的为依据来确定应急内容。应急方案中的应急内容要明确表明内容类别和相应部位。例如,综合性应急中的设备故障应急、人员安全应急、操作性意外应急、通信故障应急以及突发性变故应急等,必须在方案中得到分类体现,并且表明各类意外中的具体应急内容要点。设备故障应急中的哪些设备容易发生意外,人员安全应急中所指的重点是演职人员还是参与活动的群众等。应急方案中的每个类别都应详细说明具体的应急内容要点,如预防措施、应急步骤、责任人和联系方式等。

这里所指的群众文化活动应急方案的应急内容与公安部门所指的活动安全预案有很大不同。公安部门所指定的安全预案主要是针对人员及财产安全而言,如人员疏散、交通管制、设备防风防雨等。而文化部门所指的应急方案除了公安部门所涉及的内容外,还包括活动操作性和程序性安全。如舞台演出中突然停电,由于某种原因参赛选手没有到场,等等,都不是安全部门考虑的范围,但在文化活动应急方案中必须将此类因素列为重要内容。例如,某个业余京剧团在春节期间送戏下乡,表演的是全本《龙凤呈祥》,活动的承办方每到一地都准备了一定数量的游戏项目,对此部分演职人员十分不理解。当在某村演出时,场上的音响设备突然发生了故障,演出只好停止,正当音响师抢修设备时,提前准备好的游戏项目发挥了作用，到场的群众在欢乐中度过了这段尴尬的时刻。原来是活动的承办方十分了解这个业余剧团的音响设备年久老旧，经常出毛病，便将这一问题纳入应急内容范围内，从而保证了活动的顺利进行。

（四）任务分解

应急方案中的任务分解需要完成以下两项内容。

一是对应急内容进行细分类。将每类应急内容细分成若干个单一项目的操作点。例如，在活动中将安全应急细分为人员安全、器材设备安全、场地安全等。人员安全又可以细分为群众安全、演职员安全、工作人员安全等。群众安全还可以进一步细分为老年群众安全、少年群众安全、残疾群众安全等。

二是将各项应急内容转化为具体应急任务，并按类别进行排列。在应急内容细化后，将各应急操作点按任务的形式确定下来。例如，老年群众安全可以转化为医疗救护、安全撤离等应急任务。

当所有应急内容都转化为应急任务后，应按照应急类别将任务进行排列分类，确保每个应急内容都有具体的应对措施，且能够清晰地识别和分配任务，从而提高应急响应的效率和效果。

（五）应急方式方法

针对各类应急任务分别确认应急方式和方法。例如，老年群众安全应急中的医疗救护，所采用的应急方式一般有药品应急（明确药品的种类，如急救药品、常用药品等，以及药品的存放位置和数量）；现场抢救应急（包括现场急救措施，如心肺复苏、止血、包扎等，需要确保现场有足够的医务人员掌握这些急救技能）；车辆运送应急（包括现场急救措施，如心肺复苏、止血、包扎等，需要确保现场有足够的医务人员掌握这些急救技能）等。在应急方案中，应详细注明相关信息，以确保在紧急情况下能够迅速有效地采取行动。这样的详细规划有助于提高应急响应的效率，确保在紧急情况下能够迅速有效地提供医疗救护，最大限度地减少伤害和损失。

（六）应急时间和地点

应急时间包括两项主要内容。一是活动中的应急时间范围。即各岗位人员何时进入应急状态、何时解除应急状态以及这两个时间点之间的跨度。例如,在春节花会广场文化活动中,工作人员在表演队伍和观众入场之前就需要上岗,从这时起进入应急时间。活动结束时,当表演队伍、观众及设备安全撤离,工作人员拆除警戒线并撤离岗位后,应急结束。以上整个过程都是应急时间范围。二是活动中的重点应急时间。在大型群众文化活动中,应急时间范围内可能包含多个重点应急时间。例如,在北京奥运会举办之前,北京市开展了多项宣传奥运精神的大型群众文化活动,其中有一项奥运龙展示活动在北京居庸关长城举办。活动全长为四个小时,总应急时间范围为五个小时。在多个活动项目中有四十分钟的时间需要飞机在空中航拍,从飞机进入时间起至飞机撤离时间止均被列为重点应急时间段,与其他活动内容中的重点应急时间一同写入活动的应急方案之中。

应急地点是指活动过程中具体应急岗位的位置,包括指挥人员、执行人员和应急器材设备的位置。例如,在夏日广场文化活动中,现场应急指挥人员的具体位置、医护人员、安保人员、消防人员及器材的位置等都需要明确。

在应急方案中,时间和地点应遵循两个原则:准确和快速。重点时间和位置必须明确,确保活动现场的各个岗位人员在发生意外时知道向何处请示、如何报告、使用何种应急手段以及如何迅速到达应急位置。明确的指示有助于在紧急情况下迅速有效地采取行动,保障活动的顺利进行和参与者的安全。

(七)组织分工落实

活动应急是一个相对独立的系统,需要明确指挥机构和主要责任人。活动应急的第一责任人通常是活动现场的指挥人或领导机构的负责人,他们对应急结果负责。所有参与活动的相关单位负责人都应进入应急指挥机构,并承担相应的义务和责任。

应急方案中的组织分工落实部分主要包括岗位落实和任务落实两部分。

岗位落实:根据活动的应急需求设立相应的应急岗位,并将这些岗位逐一落实到个人。在应急方案中需要明确注明各岗位人员的姓名,以确保责任明确。

任务落实：将分解后的各项应急任务分别落实到各个岗位上，确保每个岗位的成员都清楚自己承担的任务内容和要求。

编写这部分内容时，应急方案必须翔实、具体。这是整个方案中的关键内容，它直接关系到应急响应的效率和效果。应急方案的编写者需要确保每个岗位和任务都清晰明确，以便在紧急情况下能够迅速有效地采取行动。

（八）保障措施

对于每一个应急岗位成员来说，完成应急任务必须要有相应的措施作为保障，具体内容要依据活动的实际条件而定。例如，防火和现场保卫人员需要提前适应场地并进行相应的技术培训；大型活动中的各应急岗位需要配备与活动相应的通信联络设备等。

编写者在编写应急方案前应对各项应急任务的具体要求进行全面了解，并在调查研究的基础上制订保障性措施。这些措施应详细、具体，并考虑到活动的规模、性质和可能面临的风险，以确保在紧急情况下能够有效地应对。

二、编写应急方案应注意的问题

编写应急方案是一项十分细致的工作，它关系到广大群众的生命安全和国家财产不受损失，以及活动圆满成功的大问题，不得有半点闪失。在编写过程中要特别注意四方面问题，这是保证应急方案质量的关键。

（一）编写应急方案前应对不利因素分析透彻

在编写应急方案之前，应对不利因素进行透彻分析，以确保应急方案能够有效应对各种潜在风险和挑战。不利因素可能包括自然灾害、公共卫生事件、社会安全事件等。通过分析不利因素，可以确定应急方案的重点和难点，为制订有针对性的应急措施提供依据。同时，分析不利因素还可以帮助评估应急方案的实施效果，确保应急措施能够有效地应对不利因素，减少损失和影响。

（二）应急措施安排越具体越好

具体的应急措施能够使应急方案更加切实可行。具体的应急措施包括具体的行动步骤、责任分工、时间安排、资源配置等。通过具体的应急措施，可以确保应急方案的每个环节都有明确的执行主体和执行标准，提高应急方案的执行效率和效果。应急措施安排越具体，越能够帮助应急人员更好地理解和掌握应急方案的内容，提高应急人员的应急能力和反应速度。此外，具体的应急措施还能够帮助应急人员更好地应对各种突发情况，确保应急方案的灵活性和适应性。

（三）应急方案不宜过长

应急方案应包括应急内容的确定、应急任务的分解细化、应急岗位人员的确定以及应急办法的制订等方面。这些内容需要简练、准确、直接，以便执行人员能够迅速理解和执行。

在编写应急方案时，应避免使用过多的烘托性语言和宣传鼓动性语言。文字叙述应直接切入主题，清晰明了，避免冗长，方案的目的是为了在紧急情况下提供明确的指导和操作步骤。有些编写者可能会在方案中包含活动的特色、意义以及领导重视程度等内容，这些虽然有助于理解背景信息，但在紧急情况下可能会分散注意力，导致执行人员难以迅速找到重点。

（四）应急方案的编写者应对活动有全面的了解

活动的承办方在编写应急方案之前，需要对活动的策划方案和实施方案进行全面分析，以掌握活动的全貌。其中包括对活动的意图、内容、岗位设置和任务分解等内容的详细分析。在确定重点应急内容之前，一定要进行实地考察和操作可行性调查，绝不能仅凭想象和推测进行设定。例如，在春节拟举办民间彩车和花会表演活动的情况下，应急方案的制订者需要了解活动现场的具体情况，包括消防设施的实际可用性。如果应急方案制订者没有进行实地调查，而是假设当地消防设施可用，那么在活动过程中如果发生火情，而消防设施因年久失修无法使用，就会造成严重的后果。虽然事故的主要责任可能不在活动方案的设计者，但应急方案的应对不当，延误了最佳应急时机，也是事故的起因之一。因此，应急方案的制订者需要充分了解活动现场的实际情况,包括消防设施、医疗救助、安全通道等,并基于这些实际情况制订有效的应急措施,以确保在紧急情况下相关工作单位能够迅速有效地应对,最大限度地减少事故的影响。

第五章　群众文化活动的组织与实施

第一节　群众文化活动组织实施程序

群众文化活动的组织实施是策划阶段的延续，是将策划方案付诸实施的过程。如果说活动策划人的工作是通过创造性、开拓性思维进行的宏观布局和创意设计行为，那么活动承办人的工作就是运用严格的规范和程序，将策划人的各类设想转变为现实的操作性活动。

群众文化活动的策划与组织实施是两个截然不同的工作阶段，两者无论从思维模式还是从工作方式都有很大的不同。活动的承办方在实际运作过程中，必须依据策划方案的设定，按照一定的操作程序将活动的各项内容落到实处，这个程序共分为九个步骤。

一、建立活动组织实施机构

虽然活动的策划人在策划方案中对组织机构进行了设定，但该设定是构思性的设计行为，距离实际的情况还有一定的距离，承办方必须对策划人的组织机构设定进行再次确认，确保其可以落地实施。

活动实施阶段组织机构设置主要以工作部门的细化设置为重点。在策划方案中，策划人设计的组织机构分领导机构和工作机构两部分。承办方的工作重点是对工作机构进行二次认定，将活动的内容、实际状况和设定的机构三者进行对比分析，研究策划方案中的工作机构设置能否有完成活动各项任务的能力。如果有出入，应当立即进行调整，最终由活动的承办方完成对工作部门的确认和调整。

活动承办方应根据活动任务目标和已完成的工作机构设置，对现有的工作人员进行分析。分析内容包括工作能力、业务水平、思想状况、性格特征、身体状态等，为任务下达后的岗位分配做好准备。

活动承办方应按照活动岗位设置组建工作队伍，在对工作人员进行充分调研分析的基础上，根据活动的性质和特点对人员进行筛选和确认，建立相应的工作系统，确定各级指挥人员和部门负责人。如果某些活动所需人员不能从现有的人员中选出，应当立即采取聘任或邀请等方式进行人员调整和补充，如文艺演出的舞台编导、文艺比赛中的评委等。

二、分析活动策划方案

活动承办方要将活动策划方案中设定的各个部分进行分析、整理，全面领会方案的创意理念和设计思想，结合实际情况对方案中的活动方向、布局设计、工作步骤等进行详细研究，尤其要将活动的内容和形式作为分析的重点，为将设计构思转化为实际工作任务打下坚实基础。

在分析活动策划方案的过程中，思维方式的转变是做好分析工作的关键，在承办人员的眼中任何构思都不仅仅是形象化的设想，而是开始演化成具体的事物和行为。在这一阶段必须完成以下任务。

（一）动机转变为目的

活动策划人在策划方案时，会体现出活动的动机和目的，这些通常是基于对活动预期效果的设想，比如提升文化生活质量、提高人们的审美水平等。这些动机和目的在策划方案中可能是抽象的或者理念性的。而活动承办方在操作层面需要将这些抽象的动机和目的转化为具体可衡量的结果。例如，如果策划人在设计群众性舞蹈比赛时的指导思想是丰富群众的文化生活和提高人们的审美水平，承办方就需要考虑如何将这些理念转化为实际的操作目标和评估标准。承办方可能会设定诸如参与规模、节目质量、媒体报道、文化影响等具体目标。通过将这些抽象的动机转化为具体的目的和效果，承办方可以更清晰地规划活动，并在活动结束后进行效果评估，以确定是否达到了策划人最初的设计意图。

（二）内容和形式转变为任务

例如，活动策划人在某项活动中，设计了一个由200人组成的大型方阵，每人手持鲜花组成各种图案。承办人在看到这个设计时，立即会想到这200人的来源，是从企业抽调还是由学生组成，从何处购买鲜花，需要多少经费等。[①]

(三)时间地点转变为步骤

活动策划人在策划方案时，会对活动的时间和地点进行详细的安排。这些安排通常包括活动开始和结束的时间、活动持续的长短、活动的具体地点等。策划人需要确保这些时间和地点的选择能够满足活动的需求，同时也要考虑参与者的便利性和成本效益。

从活动承办方的角度来看，这些时间和地点的安排需要转化为具体的操作指令。承办方需要明确知道在什么时间、什么地点、由哪个部门负责完成哪些具体的任务。例如，如果活动在下午2点开始，承办方就需要确保所有的准备工作在2点之前完成，包括场地布置、设备调试、人员到位等。此外，承办方还需要根据活动的性质和规模，安排适当的部门和个人来负责不同任务。例如，舞台搭建可能由技术部门负责，而现场安保则由安全部门负责。每个部门都需要在指定的时间和地点完成自己的任务，以确保活动的顺利进行。

(四)可行性研究转变为具体措施

策划人在进行可行性研究时，会综合考虑活动面临的有利因素和不利因素，并基于这些分析做出判断和预测。这些预测包括对活动可能遇到的问题和挑战的估计，以及对活动成功的可能性的评估。活动的承办方则负责将这些预测转化为具体的运作办法。例如，如果预测到活动可能会吸引大量群众，承办方就需要制订详细的集结队伍的计划，以及疏导群众撤离现场的安全方案。这些实际的运作办法需要考虑到各种情况，包括人员配置、物资准备、安全措施等，以确保活动的顺利进行。活动承办方的任务是将策划人的预测和判断转化为可操作的行动计划，确保活动在实施过程中能够应对各种情况，从而达到预期的目标。

(五)组织设计转变为工作队伍

活动策划人在进行组织设计时，关注的是结构性的布局，即如何构建

---

①贾乃鼎．全国基层文化队伍培训教材　群众文化活动的策划与组织[M]．北京：北京师范大学出版社，2013.

一个合理的组织框架来支持活动的顺利进行。而活动承办方的重点则是在这个结构布局中,如何安排人员的位置以及他们所发挥的作用。组织机构的设置应当服务于活动的需求,而不是让活动去适应组织结构。这意味着,组织设计应该灵活且具有针对性,以确保每个部门和岗位都能有效地支持活动目标。人员配置和职责分配应该基于活动的要求,而不是仅仅遵循传统的组织结构。组织设计的灵活性和针对性有助于提高工作人员的效率和参与感,确保活动的高效运作。

三、确定活动任务内容

确定活动任务内容是活动的承办方对策划方案中所设计的各项内容进行总量处理,实现从策划设想向任务实施转变的过程。

将活动策划方案分解结果进行归类,形成具体实施任务,并按其性质进行横向划分确定,可以分为业务性任务、宣传性任务、后勤保障性任务、公关联络性任务、安全保卫性任务等。

业务性任务通常指的是与活动的主要内容或核心目的直接相关的任务。这些任务是实现活动目标的关键环节,涉及活动的主要流程、内容安排和成果产出。

宣传性任务是指那些旨在提高活动知名度、吸引目标受众参与、扩大活动影响力的任务。这些任务通常涉及活动的市场推广、信息传播和品牌建设等方面。

后勤保障性任务是指在活动策划和执行过程中,为保障活动顺利进行所需的后勤支持和服务。这些任务通常涉及活动现场的物资、服务、设施等方面的准备和维护。

公关联络性任务是指那些涉及与活动相关的各方进行有效沟通和协调的任务。这些任务通常包括与合作伙伴、赞助商、参与者、媒体和其他利益相关者的联络工作。

安全保卫性任务是指那些确保活动参与者人身安全和财产安全、预防及处理可能的安全问题的任务。这些任务对于保障活动的顺利进行至关重要,尤其是在大型活动或公共活动中。

按照活动预定目标对各项任务进行分解,通常可使用层级分解的方式进行纵向任务确定，其公式为：活动内容—总体活动任务—部门活动任务—岗位工作任务。

这一阶段的工作是活动组织实施全过程中十分关键的环节，策划设计向活动任务的转变标志着策划阶段与实施阶段的正式分离。

四、建立活动实施规范

当活动的承办方确定了活动任务内容并完成了对活动任务的分类后，应立即对各项任务进行定性、定量分析，以确定各项任务的实际工作强度。这有助于明确各部门的任务量和任务强度，为后续的定岗、定人、定责提供依据。

在明确了各部门的任务量和任务强度之后，需要根据活动的需求制订各项任务的执行办法和实施规范标准。例如，在明确了群众性文艺比赛活动的业务部门的任务量和任务强度后，应针对参与活动群众的实际情况和比赛内容的艺术要求，制订出参赛规则和评比标准等。

通过建立活动实施规范，可以确保每个部门都明晰自己的工作职责和任务要求，从而提高工作效率，保证活动的顺利进行。同时，制订明确的执行办法和规范标准也有助于提高活动的专业性和公正性，确保活动的高质量完成。

五、分解、落实活动任务

在初步确定各部门的任务量和任务强度之后，需要根据活动中各项任务的实际工作强度对活动任务进行再次分解，明确完成各项任务所需的岗位数量和人力投入。例如，活动的宣传部门可能需要完成信息收集、文字撰写、宣传品制作、新闻发布及宣传展示等任务。这些任务可能需要五类岗位，但不一定只需要五个人。仅新闻发布一项工作可能就需要三人，所以这个部门的五类岗位可能总共需要十几名人员。

活动任务再次分解后，活动承办单位需要将工作队伍人员按照活动确定的岗位数量和岗位任务进行分配，并按岗位进行责任分工。

根据活动任务量的需求，还应将分解后的各类任务进一步细化，并落实到各个岗位及个人。在落实任务的同时，还需要对上岗人员的运作能力进行再次核实。如果不符合要求,应进行相应的培训或人员调整,以确保每个岗位都有合适的人员来完成任务。

六、制订活动保障措施

当工作任务分配到每个岗位和个人时,活动的承办单位应立即对工作机构的部门进行岗位职责设计,确保每个工作人员都明确自己的职责。在策划阶段,策划人已经设定了各部门的职责,这里的落实是将部门职责具体分解到各个岗位,确保每个人的工作任务与岗位职责相对应,使每个岗位人员都对自己的工作目标有清晰的认识。

由于在活动操作过程中,各部门、各岗位的工作性质不同,操作方法和流程也会有所不同,因此建立有效的协同机制至关重要。所有工作人员应在同一运行机制下开展工作,这要求活动承办单位制订相应的工作制度,以确保正常的工作秩序和工作的顺利进行。

根据各部门和岗位的实际情况以及各项任务的具体特点,活动承办方需要制订包括技术、后勤、协同、安全等在内的保障性措施,确保各岗位工作的顺利进行。例如,文艺演出的舞台供电、广场活动的通信设备提供、大型群众性活动中相关单位(机关、学校、企业、人民团体等)的协调等,都需要相应的措施来保障。

活动经费的及时到位是活动正常运作的前提。没有经费保障,其他措施都失去了实际意义。活动承办方必须制订详细的经费支出计划,并按照计划分期分批拨付活动经费,以保证活动的顺利进行。

活动操作方应制订目标明确的活动实施方案,活动承办方的相关部门应以该方案为依据,根据掌握的情况制订实施方案的细则,各岗位按照细则要求开展工作。如果说活动的策划方案是策划阶段的最终成果,那么实施方案的细则制订就是各岗位实施运作的最终依据。

七、实施前的项目验收

在举办群众文化活动之前,通常需要经历一个较长的筹备和组织阶段,包括节目排练、服装制作、舞美设计制作等。在准备阶段的后期,活动的领导机构应进行综合性验收,主要包含以下三个方面的内容。

其一，各指挥系统在活动开始前，需对下属部门的情况、岗位工作人员的运作能力和水平、任务落实的合理程度等进行最后的确认。如果发现问题，应及时进行适当的调整。大多数活动的组委会都非常重视活动前的检查和调整工作，因为这通常是活动开始前对人员的最后一次主动性调整。如果在活动进行中进行人员调整，则属于被动性调整，可能会对活动的整体秩序产生不利影响。

其二，活动指挥部应检查活动的各阶段准备结果，特别是各项实施方案的执行情况，如安全预案的落实、应急方案的准备、后勤方案的保障等。实施方案是各岗位运作的基础，如果方案未能落实，则表明准备工作尚未完成，必须立即采取措施进行补救。

其三，活动承办方还应检查各系统的运作状况，了解总指挥系统与分指挥系统之间、分指挥系统与各部门之间、各部门与各岗位之间的协同是否默契，磨合是否到位。活动中的指挥体系和运作机制必须在检查中确定下来，这是活动成功开展的基本保障。

八、实施活动内容

举办一项群众文化活动，从创意策划开始一直到各阶段的准备工作，都是为了活动的开展。活动开展是活动的展示阶段，前期所做的一切努力都将在这个过程中得到检验。在活动内容的实施阶段要做好下列工作。

（一）各操作系统按照活动实施方案协同有序地推进工作

在推进工作的过程中，需要注意以下几个关键点。

其一，各岗位人员必须严格遵守规定的时间，准时到达指定的地点，并逐级向上级汇报活动开始前的准备情况，确保一切就绪。

其二，在确认所有分系统和岗位人员都准备就绪后，总指挥系统将按照预定计划发布活动开始的指令。

其三，各分指挥系统在总指挥系统的统一领导下，行使各自的指挥职责，确保活动按计划进行。

其四，各岗位人员必须按照工作计划的要求完成自己承担的任务，这是保证活动顺利进行的基础。

其五，当所有活动流程执行完毕后，总指挥系统需在确认所有参与人员安全撤离且收尾工作妥善完成后，方可下达活动结束的指令，这标志着活动的顺利结束。

其六，根据活动的规模和性质，指挥系统可以根据实际情况自行决定简化或增加上述工作程序，以适应不同活动的具体需求。

（二）总指挥系统在活动实施的主要工作

总指挥系统在活动实施的主要工作中，指挥、控制、协调、应急和决策是五个核心职能。

指挥：这是向下级系统发布指令，调动所需资源以执行有效操作的过程。指挥的目的是确保活动按照既定计划进行，通过明确的指令和沟通，使得每个参与者都清楚自己的角色和任务。

控制：控制涉及掌握活动的节奏和局面，监督下一级人员的行为规范，确保活动有序进行。控制包括监控活动的进展，调整计划以应对任何偏差，并确保所有参与者遵守既定的行为准则。

协调：协调是确保各系统、各部门之间良好协作的关键。协调涉及解决冲突、优化资源分配，并确保所有参与者朝着共同的目标努力，以实现活动的整体协同。

应急：应急响应是在活动运作过程中必须高度重视的环节。由于群众文化活动的群众性和动态性，活动中可能会出现意外情况。因此，各级领导需要密切关注活动的每一个细节，并根据应急预案随时做好应急准备，以确保能够迅速有效地应对任何突发状况。

决策：在活动正常运行时，指挥系统通过发布指令来行使指挥权。然而，当活动遭遇意外情况时，各级指挥系统应根据各自的职权做出决策，并对这些决策的结果负责。

通过这些职能的有效执行，可以确保活动的顺利进行，同时也能够在遇到挑战时迅速做出反应，保障活动的成功和参与者的安全。

（三）各分系统根据活动中出现的问题随时进行调整和协调

在活动运作过程中，各分系统需根据活动中出现的问题进行实时调整和协调，这是确保活动顺利进行的关键工作。当活动进行中遇到情况变化或工作任务需要调整时，各分系统必须根据实际情况迅速进行岗位调整，重新安排人员，确保工作系统的顺畅运作。

由于活动任务繁重且存在诸多不可预见因素，部门之间和岗位之间可能会出现工作上的矛盾，这是难以彻底避免的。分指挥系统的指挥者应持续监控现场情况，及时发现潜在问题并消除隐患。没有有效的协同机制，活动将难以顺利推进。

各分系统需要掌握活动的进展情况，调整活动节奏，严格执行总指挥系统的部署和计划安排。保持信息上下畅通，将总体部署与部门任务有效结合，确保所有工作人员在统一的目标下高效开展工作。

（四）活动指挥部应做好活动实施过程中的现场效果记录，为活动评估做准备

现场效果记录的内容主要涵盖以下三个方面。

一是关于各级指挥系统的记录。包括指挥系统的组成和成员间的相互关系、工作职责和执行方式、处理问题的过程和最终结果以及指挥系统独特的风格。

二是涉及各部门及人员配置的记录。包括岗位设置、任务性质和数量、员工的工作饱和度和压力状况、员工的精神面貌和思想状态以及在工作中遇到的问题和处理结果。

三是关于系统协同运作的记录。包括各系统间的配合程度、各个环节的协作默契以及实施计划的完成情况。

通过这些详细的记录，活动的承办方可以全面了解活动现场的运作情况，为日后其他的活动的开展提供宝贵的参考和改进依据。

九、检查活动效果

在活动圆满落幕之后，活动的承办方需要对活动的整体执行效果进行细致的评估。评估工作将围绕以下几个方面展开。

其一，审视活动方案的执行情况。包括实际完成的任务比例是多少；还有哪些预定任务未能完成；分析未完成任务的原因及其对活动的影响；明确需要改进的地方。

其二，评估各个工作系统的运行效率。包括工作系统设置是否合理；人员配置是否得当；工作流程是否高效。

其三,考察活动中的指挥协同效果。包括指挥系统是否简洁明了;指挥渠道是否畅通无阻;应对突发情况的调整是否迅速;整体协同配合是否有效。

其四,检查活动安全预案的执行情况。包括安全措施是否周全合理;安保人员是否全部到位;已启动的安全措施有哪些以及活动的实际安全状况。

其五,评价活动的后勤保障效果。包括预定的保障内容是否与实际需求相符;后勤保障任务的完成情况以及需要改进的地方和未来应注意的问题。

其六,关注现场群众的满意度。包括参与活动的群众数量;群众对活动的参与热情;参与群众的构成以及到场群众的满意度。

通过这样的全面评估,活动的承办方可以更好地总结经验,为未来的其他群众文化活动的开展提供改进的方向。

第二节　群众文化活动实施过程中的工作机构设置

群众文化活动实施阶段的工作机构是开展各项工作的基础,它与策划阶段的组织机构设计有很大的不同,活动的承办方在制订活动实施方案时,都要对机构进行再次认定和安排,以保证各级设置的实用有效性。

一、组织实施阶段的工作机构设置任务

(一)组织实施阶段的工作机构设置是策划阶段设计的延续,是以工作岗位为中心的二次设计过程

在实际工作中,有些文化活动的主办方常将策划方案中的组织机构设计与实施方案中的工作机构设置视为同一个概念,但事实上这是一种误解。

策划方案中的组织机构设计是为了明确各个参与单位在活动中的角色地位和相关职责,同时也可以向社会展示活动的级别和预期的社会影

响。这种设计确定了上下级的领导关系，并提出了活动实施的工作机构组织设想。

而活动实施方案中的工作机构设置则是活动组织机构内部建立的工作指挥系统，目的是确保活动的顺利进行和有效操作。工作机构的设置以岗位任务为核心，人员的分配、职责的认定、运作方式等都围绕完成活动任务来展开，这是策划方案中工作机构设置的最大区别。

（二）将策划方案中的领导机构转化为实际运作中的指挥系统

组织机构是开展各项工作的基本保障，包括领导机构和工作机构。① 群众文化活动策划方案中的机构设计也可以分为领导机构和工作机构两类。其中，领导机构在转化为指挥系统时，形成了总指挥系统和分指挥系统。策划方案中的工作机构则转化为岗位责任体系，形成了部门责任和岗位任务的活动实施系统。这个实施系统接受各级指挥系统的领导，并按照各自的工作任务进行操作。

（三）将策划方案中的工作机构职能进一步分解到各个岗位，把部门职能转化为岗位职责

活动的承办方在将策划方案中的组织机构转变为实际的工作实施机构设置时，也应将各级所拥有的权力、义务和职责逐级下放分解到各个岗位。这个过程意味着总指挥系统将责任与权力分解到分指挥系统，分指挥系统再分解到各部门，各部门进一步分解到各个岗位，以确保每个人员在熟悉自己权限的前提下有效地开展工作。

（四）根据活动实施中的具体情况和需要，对策划方案中的组织机构设计进行适当调整

根据活动实施中的具体情况和需要，对策划方案中的组织机构设计进行适当调整，是为了确保活动的顺利进行和高效管理。在活动实施过程中，可能会出现一些策划者意料外的情况和需求，例如参与人数的增加、活动资源的变动等。这些情况可能会对策划方案中的组织机构设计造成影响。对组织机构进行适当调整，调整后的组织机构能更好地适应实际情

①刘兴德．深化平安校园创建　维护校园安全稳定[J]．思想教育研究，2019(01)：111—113.

况和需求，提高活动的组织效率和效果；能够更好地发挥各成员的作用，确保活动顺利进行。

二、工作机构的设置

（一）指挥系统的建立

活动的指挥系统由总指挥系统和分指挥系统组成，主要由组织设计中的领导机构成员构成。这个系统负责控制活动的整个运作程序，把握活动方向，并通过指令实现对各部门及岗位的指挥和调动。

总指挥系统是活动的中枢神经和灵魂，根据活动需求设立一名总指挥和若干名副指挥。成员通常包括主办方的负责人、承办方主要负责人以及各分指挥系统的第一责任人。

分指挥系统作为总指挥系统的分支，负责将总指挥系统的指令分解为各自的专业性指令，并将这些指令下达到各工作实施部门。分指挥系统对实施结果承担责任。分指挥系统设有一名分总指挥和若干名副指挥，成员通常由各部门负责人和具有实际经验的指挥者组成。

（二）各工作部门岗位的设置

1.岗位设置的原则

所设岗位的性质必须与部门职责和任务性质相匹配。不同性质的岗位不应设在同一个部门内，因为这可能导致管理重心的偏离。如果由于某些原因必须将不同性质的岗位置于同一部门，应进行再次分解，形成单独的工作小组，以利于管理。

岗位数量必须与任务量相符。活动承办方在设置岗位前，必须对部门工作任务总量进行分析，计算每个岗位单位时间内能承担的任务量，并据此设定相应岗位。岗位数量过多可能导致工作效率低下，过少则可能影响工作质量，甚至给活动带来损失。

部门岗位设置必须全面。岗位设置要考虑活动过程中的所有任务，避免缺岗漏岗。活动运作由多个环节组成，每个岗位都至关重要。岗位设置不全面可能导致工作链条断裂，影响活动正常进行。

岗位角色应鲜明准确。工作机构的岗位设置应使上岗人员明确自己在活动中的角色和位置，增强责任心和工作主动性。清晰的岗位角色比频繁的思想动员更为有效。

2.岗位设置步骤

(1)分析部门职责和任务特征

活动承办方在完成了从策划向实施的转变后，需要对各部门的职能进行深入分析，了解其工作的特征和规律。这将对部门性质的定位和岗位职数的确定产生重大影响。

(2)确定和分解任务量

对部门内的任务总量进行分析，根据任务的性质和类别进行细分，将任务分解为若干个单项业务。例如，在办公室工作机构中，可以分解出文秘、公关、档案、财务等不同类别的工作。在此基础上，确定各个类别岗位的工作量。

(3)根据任务量确定岗位数量

根据部门总工作量的分解，确定各个工作类别的岗位数量，从而得出部门整体的岗位数量。活动承办方在核实岗位数量与工作任务数量相吻合后，最终确定岗位的数量。

(4)明确岗位职责和任务

一旦岗位确定，应立即确定或制订岗位职责，并将分解的工作任务具体落实到各个岗位上，确保每个岗位都有明确的上岗条件和岗位职责。

(5)确定岗位人员

对所属成员进行能力分析，根据岗位条件的要求，将人员与相应的岗位进行匹配，从而确定岗位人选。

(6)各岗位人员落实到岗

岗位人选在正式上岗后，应认真学习岗位规范，承担相应的职责，并接受岗位任务。

3.岗位职责设定的要求

实用可行：岗位职责与岗位任务相一致，使上岗人员在完成任务的过程中，有实实在在的依据。

具体明确：要明确规定岗位人员的权力、义务、责任和规范。

内容全面:岗位职责内容应当涉及岗位人员的全部运作行为过程。

可控性强:岗位职责的设定应当做到权力和责任的对等,其权力不应超出职责范围。

有利于协同合作:因各岗位的任务存在差异,因此其职责特征也不相同。任何一项大型群众文化活动都不可能由单独一个人完成,部门职责必须兼顾到各岗位人物特征,便于协调合作。

三、各工作机构相互之间的联系

(一)各工作机构在同一项活动中是一个有机的整体,但同时又各自形成相对封闭的独立循环系统

在同一项群众文化活动中,各工作机构形成一个有机的整体,它们协同工作以确保活动的顺利进行。然而,每个工作机构又各自形成相对封闭的独立循环系统,每个系统根据自身的工作特点和任务性质,建立适合的运作模式和规范,并在所属岗位的协作中形成默契的合作关系。这种结构既保证了整体协调性,又允许各个系统根据具体情况灵活运作。

所谓封闭循环系统是指各分系统或部门,根据自身的任务性质建立适合工作特点的运作模式和规范,在所属岗位的协作中逐渐形成相对独立的默契关系,这种关系主要在本系统的环境中循环合作。总指挥系统是由许多这样独立的循环系统构成的,它们各自按照自己的规律来完成所承担的任务。

(二)机构之间应相互联系,相互支持,互不可分

尽管各分支系统和部门都按照各自的规律进行独立运作,但它们之间并不是孤立存在的。活动本身是一个整体,需要各部门相互配合才能成功完成。因此,各系统、各部门之间应建立规范的联络协同机制,以确保活动能够作为一个整体协调一致地进行。

(三)各自系统均应服从总系统,并为总系统服务

群众文化活动的指挥体系由总指挥系统、分指挥系统和业务部门构成。无论分系统任务具有何等特殊性,都应围绕总系统开展工作,并以总系统为核心,服从总系统的指挥和领导。各分支系统应对自身的工作结果负责,同时也要对总系统的工作负责。

第三节　群众文化活动组织实施中的控制与管理

群众文化活动的实施是通过各级指挥系统的有序管理来实现的，其中对活动的流程控制和内容的管理是关键，并贯穿活动的全过程。

一、组织实施的工作步骤

群众文化活动的实施共分为三个阶段，即准备阶段、实施阶段和后期收尾阶段。

（一）准备阶段

群众文化活动实施过程中的准备阶段是活动最终成功展现的基础，而准备工作是否充分直接影响着活动的质量。根据工作的步骤划分，准备阶段可以分为前期准备、中期准备和后期准备三个阶段。

按照时间比例分析，中期准备阶段通常占用的时间最长，是整个准备时期的核心。在现实情况下，中期准备阶段的时间分配甚至可能更长，中期准备是整个准备过程中最关键的阶段，准备阶段通常按照1:2:1的时间比例分配，即前期准备占一部分，中期准备占两部分，后期准备占一部分。

1.前期准备阶段

这一时期的工作主要是基础性的准备工作，旨在完成活动实施所必需的条件和手续。前期准备阶段的工作包括组建工作机构，根据活动策划方案制订工作实施方案；制订工作细则和规章制度；落实活动经费；完善法律程序和手续；组建实施队伍；明确岗位分工和职责等。

前期准备工作是否充分直接影响到中期准备的顺利进行。因此，各部门的工作必须扎实细致、准确到位，这是活动实施过程最基本的条件。

2.中期准备阶段

活动的中期准备阶段是准备时期的主体部分，根据活动内容的要求，各部门开始实际筹备工作。这个阶段完成活动所需的所有准备工作，例如节目的排练、舞美设计和制作、服装道具的准备、露天舞台的搭建以及后勤和安全保障的各项准备等。

各级指挥系统应对这一阶段的准备工作给予特别关注，因为活动实施的现场管理实际上从这一阶段就已经开始了。如果准备工作不到位，活动进行时很可能会出现重大问题。因此，中期准备阶段是确保活动顺利进行的关键时期。

3.后期准备阶段

活动的后期准备阶段，也就是人们常说的倒计时阶段，主要是各级指挥系统对各项准备工作的落实和检查验收。这包括对各项工作的检查验收、艺术项目的最后合成、各类票证的发放、安检工作的落实、后勤保障措施的落实以及工作人员的就位状况等。

活动的后期准备和验收是确保活动顺利进行的关键环节。如果在活动进行时才发现问题，就只能通过应急措施进行补救，这往往会严重影响活动的效果。后期准备和验收是防止问题发生的最后屏障，能够及时发现问题并进行调整和补充。

（二）实施阶段

群众文化活动的实施阶段是活动最终目的的表现部分，在广大群众眼中的群众文化活动所指的就是这个部分。人们通过这一阶段的活动展示感受到文化的魅力，使活动产生社会影响。因此，实施阶段是活动各阶段中最关键的时期，也是对准备工作的最终检验。实施阶段应当完成以下三项工作内容。

1.进入就位程序

根据工作实施方案规定的时间和地点，各岗位人员应准时就位，并迅速完成活动开始前的各项准备工作。

各指挥系统对各项准备工作进行最后的检查验收，以确保一切准备就绪。

分指挥系统将活动前的检查情况报告给总指挥系统，并做好活动开始的各项准备。在一般情况下，大型群众文化活动的就位程序应在活动开始前半小时完成。

2.进入实施程序

在确认所有准备工作就绪后，总指挥系统会按照预定计划向各分指挥部系统及其所属部门下达活动启动指令。

各部门及各岗位将按照实施计划和操作流程开始协同运作,例如晚会开始演出、展览会开始接待观众等。各级指挥系统将做好应急准备,对活动的全程进行指挥、监督和检查,对任何不适合操作的内容进行协调或调整。

3.进行收尾程序

当所有活动内容完成后,总指挥系统可以下达停止指令,并对结果进行检查。各工作部门和岗位根据职责进行活动还原归位工作,例如拆卸舞台装置、服装道具装箱、演员卸妆整理、器材清点归位等。操作结束后,逐级向上报告。

总指挥系统下达活动结束指令后,演员及工作人员应有序撤离,现场活动阶段正式结束。

(三)后期收尾阶段

群众文化活动的后期收尾阶段是十分重要的工作阶段,任何文化机构和单位都不应当忽视活动的收尾工作。后期收尾阶段的工作大致可分为以下几方面的内容。

1.文件和资料的收集、整理归档

每次群众文化活动结束后,主办方都应将活动资料的整理归档工作视为重要任务来完成。档案资料对于群众文化事业的科学发展具有实际意义,特别是对于系列活动和周期性活动,档案资料能够提供宝贵的参考依据和成功经验,有助于提升活动质量。应整理归档的资料包括各类方案、数据、图片、表格、流程等。

2.活动各阶段的意见反馈

在整个活动过程中,从策划阶段到实施结束,通过各种渠道收集的内部和外部意见及反馈,活动单位都应认真进行分析研究。这样做可以从中探索规律,发现不足,为活动的总结评估提供基础。

3.资产设备的清理归位

在大型群众文化活动结束后,组委会应负责对活动中使用的相关物资、器材及办公用品进行清点整理。对损坏的物品及时进行维修,借用的物品及时归还，而购买的物品则应登记入账，明确资产的归属单位。

4.经费的清算和结算

群众文化活动经费的使用是一个严肃的问题，每次活动结束后都需要进行认真的结算。根据财务制度的规定，对使用的每一笔经费都需要进行详细核对。对于社会资助的经费，必须具备相关的手续，确保其清晰、准确、翔实和可靠。

5.活动总结、评估、表彰和处罚

群众文化活动的主办方需要对每次活动进行全面的评价和总结。群众文化事业的发展依赖于不断地总结和探索。同时，每位群众文化工作者都希望通过参与活动来提升自己的业务能力。因此，活动的总结和评估对于事业的发展和个人成长都至关重要。总结和评估旨在对活动的整体价值进行判断，而表彰和处罚则是对各岗位人员综合表现的认可。

6.遗留问题的处理和移交

由于群众文化活动建立的各类机构，如组委会、领导小组等，都是临时性的活动组织，活动结束后就需要解散。因此，一旦活动完成，应立即处理各类相关问题。但在某些情况下，有些问题可能在短期内无法解决，例如与合作单位出现的法律纠纷、资产归属无法确定、经费结余或亏损的处理等，这些问题应作为遗留问题移交给相关单位解决。

通常情况下，接受移交的单位应是对该次活动承担后果的具有独立法人资格的主办单位。如果主办方有多个，则由上一级主管部门委派或指定其中一方为处理遗留问题的责任单位。文化主管部门也可以根据遗留问题的性质，将其分配给各职能单位进行解决，例如治安问题由公安部门解决、奖品领取问题由文化部门解决、环境污染问题由环卫部门解决等。

7.组委会宣布解散

在完成所有收尾工作后，活动领导机构可以宣布停止工作，各级指挥系统和相关机构随之解散，标志着该活动的正式结束。

二、组织实施的管理内容

群众文化活动实施过程中对各岗位及流程的有效管理，保证了活动运行的基本秩序。活动总指挥系统运用计划、指挥、协调、控制、监督等手段，通过各分指挥系统对专业职能系统和部门行使管理权。系统管理的基本单位是由相同工作性质的部门和岗位建立起来的专业工作系统，接受各分指挥系统领导。

（一）指挥系统的建立与分布

指挥系统一般分成三级，即总指挥体系、分指挥体系和专业工作体系。由于群众文化活动的规模各不相同，其管理系统的具体构成可做适当调整，如将专业系统的指挥管理简化为各部门系统对所属岗位的协同管理等，分指挥系统通过专业部门行使管理权等。

（二）通信联络系统的建立与分布

群众文化活动的通信联络系统的建立应视活动的实际需要而定，不同性质的活动对于联络要求也不相同，如广场活动、剧场文艺演出活动、公园游园活动等。

通信联络手段分机械器材联络和人体行为联络两类。

主要联络布局可分三类。

1. 指挥布局联络体系

如总指挥—副总指挥—分系统指挥—部门负责人—工作岗位。

2. 专业布局联络体系

仅以文艺性演出活动为例：如总编导—分项编导—演出单位—舞台监督。

3. 广场布局联络体系

由于广场群众文化活动的场地宽阔，岗位之间距离较远，因此减少中间环节十分重要。广场联络体系是在指挥布局联络体系的基础之上，将指挥员的指令直接与岗位连接，各分系统进行联络协调，保证联络速度是广场布局联络体系的关键。

（三）安全系统的建立与分布

在群众文化活动中，安全系统的建立是组织建设的关键部分，它是一个相对独立的保障系统，在紧急情况下由公安部门协助独立运作。安全系统的主要内容包括人身安全、设施设备安全和器材物品安全等。

安全系统的布局应从活动的策划阶段开始，各业务系统的安排和工作部署需要经过安全系统的确认，并指定专人负责与安全系统建立联络通道。安全系统的主要负责人应参与总指挥系统的工作，以确保安全措施的有效执行。

（四）后勤保障系统的建立与分布

群众文化活动的后勤保障系统是一个服务型机构，后勤保障系统必须提供更加及时、准确的服务，其布局和设置应根据活动内容的需要进行调整。后勤保障工作大致可以分为以下几类。

一是人员服务保障。人员服务保障包括提供运送车辆、食宿安排、生活用品供应、医疗卫生保障等。

二是器材设备服务保障。器材设备保障涉及服装保管、通信设备使用、广场活动的桌椅摆放等。

三是活动设施服务保障。例如，场地公厕保障、防风防雨设备保障等。

活动后勤保障体系应与各业务部门保持紧密联系，随时掌握后勤需求的变化，以确保活动的正常工作秩序。

（五）各类大型活动的票证管理

大型群众文化活动的票证管理应当是后勤服务的一部分，但因其管理的特殊性又常常成为一个单独的系统。票证管理对保障活动的秩序起着至关重要的作用。大型群众文化活动组委会应从以下几个方面进行票证管理：①票证的分类设计。②票证的制作流程。③票证的发放使用。④票证的广告性利用。⑤票证的保存等。

活动的主办方应对活动票证的全程使用情况进行监督和检查。无数事例证明，忽视对活动票证的管理和控制，会给活动造成重大混乱，甚至会导致失败。

（六）各主要活动类型工作人员的安排

不同类型的群众文化活动对内部岗位人员的力量分配和管理重点各不相同。活动的指挥系统应根据活动的性质和特点进行岗位人员的合理分配。

群众文化活动现场的岗位人员可以分为指挥人员、管理人员、专业人员和服务人员四类。以群众性文艺比赛活动为例，现场总指挥、舞台总调度或舞台监督等属于指挥人员；负责场内秩序、各部门协调运转、处理应急事项的人员等属于管理人员；负责舞台灯光音响、担任比赛评委、参赛演员等属于专业人员；各出入场口服务、舞台催场、节目联络、评比计分的人员等属于服务人员。

通常情况下，广场文化活动服务性岗位人员的配备比重较大，而群众性文艺演出活动专业人员的配备比重较大。不同活动的主办方在策划阶段就应考虑这一因素，为承办方的人员分配工作打下基础。

（七）大型活动的财务管理

大型群众文化活动的财务管理是一项非常严谨和细致的工作。从经费预算到每一项的分配使用，都必须按照严格的制度和程序进行操作。在活动的实施阶段，承办方对财务的管理应注意以下几个事项。

其一，活动的财务主管和负责人要对各项财务支出的内容和数量做到心中有数，对经费预算和财务计划了如指掌，并熟知财经制度和相关纪律。

其二，活动的财会人员要了解该项活动的内容、性质和经费使用目的，要坚决按照财务制度办理各项事务，把好财务关，严禁各种违纪现象发生。

其三，财务主管人员应随时与财会人员沟通意见，统一思想，向财务人员学习相关知识和规范，鼓励照章办事的原则和精神。财务人员应当充分理解上级主管及用款部门的工作目的，学习群众文化活动相关的专业知识，不当外行人，做好活动指挥系统的有力助手。

其四，向活动各部门及各个岗位宣传财务纪律，对每一个工作人员进行财务基础知识教育，鼓励人们自觉遵守财务制度，减少财务人员的工作压力。

第四节　群众文化活动的应急处理

在群众文化活动的执行过程中，应急处理是确保活动顺利进行的最终保障。应急是指在活动发生意外情况时，需要立即采取超出正常工作程序的行动，以防止事故发生或减轻事故的影响。对于活动承办方而言，应急处理不仅涉及安全应急，运作环节的衔接和突发性应急同样重要。例如，接送演员的车辆故障导致演出无法进行，或广场活动中突然下雨等情况。在制订活动实施计划时，承办方应将应急处理作为一个重要部分进行单独规划。

一、群众文化活动的应急类别和处理内容

（一）群众文化活动的应急类别

从活动的总体结构划分共分为三类，即事前应急、现场应急和善后处理。

1.事前应急

与自然灾害等突发事件不同，公共安全事件具有较强的主观性，尤其是大型群众性活动，都有一段较长的组织策划期。若要保障大型群众性活动的安全，必须加强注重事前应急准备。①

群众文化活动的事前应急是指在活动开始之前，承办单位根据历史经验和可能发生事故的敏感部位进行的预防性设计。事前应急的预防通常以制订应急方案的形式体现。

任何预防措施的制订都应基于深入的分析和实地调查。分析得越深入，调查得越细致，制订的应急方案就越具有针对性和可操作性。活动的承办方应将主要精力放在事前的预防性准备上，不应忽视任何细节，因为小的疏忽可能导致严重的事故。

①刘菲．大型群众性活动安全管理研究——以上海外滩踩踏事件为视角[J]．湖北警官学院学报，2015，28(05)：36—39.

2.现场应急

现场应急是指在群众文化活动的实施过程中，一旦发生意外情况，指挥系统采取的各种紧急措施和行动。

在群众文化活动的实际操作中，即使应急措施再周密，也无法涵盖所有可能的现场突发情况，尤其是大型群众文化活动更难以完全避免意外。面对突发状况，现场指挥员需迅速反应，利用最短的时间果断应对，这是解决问题的关键。

现场指挥员应立即执行四个步骤的操作，即“稳定、判断、决策、处理”。

稳定：指挥员需要稳定现场秩序和参与人员的情绪。如果现场秩序混乱，任何应急方法都难以得到迅速有效的执行。只有保持冷静，在场人员才能忠实地执行指挥员的指令。因此，稳定现场秩序和参与人员的情绪是应急处理的首要条件。

判断：指挥员需对意外状况的部位、范围、原因、涉及的工作部门等进行分析，并迅速判断其性质。

决策：在准确判断的基础上，指挥员应果断做出决策，下达关于人员安排、设备使用和操作流程的指令。

处理：根据指挥员的统一部署，各相关部门协同行动，迅速排除险情，使活动恢复正常。

3.善后处理

活动的应急善后是指在现场应急处理完成后，对遗留问题进行后续处理的过程。这包括处理人身伤亡、财产和设备的损失、经费使用的结算等事宜。善后处理是一项需要耐心和细致的工作，应设立专门的部门来执行。如果在短期内无法完成，应将问题移交给相关单位继续解决。

（二）确定活动实施中的应急点

许多经验丰富的活动承办单位在长期的工作实践中总结出了应急规律，他们对某些容易出问题的部位和事物特别关注，这些关注点就是通常所说的应急点。例如，舞台幕布、吊杆与灯光之间的距离；表演场所的出入口；大型群众文化活动现场的公共厕所布局等。

活动应急点的确定对于制订应急方案至关重要，它能使方案的内容更具针对性。活动承办方在确定应急点时，不能仅仅依靠过去的经验和下属的汇报，应亲自到现场进行实地考察和调研。在充分获取第一手资料后确定的应急点更为可靠。

（三）制订应急措施和办法

活动承办方根据应急预测确定应急点内容，制订相应的实施方法和措施，作为活动应急方案的核心内容，这是事前应急工作的重点。

在制订应急措施时，应区分一般性应急和特殊性应急。一般性应急是指针对应急点预设的应急方法，这些措施是提前准备好的，一旦遇到相应情况，可以按计划执行。特殊性应急则涉及一些不可预见的情况，如演出期间突然的全场断电等。在现场应急中，尽管指挥人员的迅速决策至关重要，但基本手段和指挥方法仍需事先设计，确保每位岗位人员都有明确的应对策略，避免临时误解导致的混乱。例如，在演出断电后黑暗中的联络和协同等。

由于群众文化活动所处的环境和实际情况多样，可能发生的意外类型也各不相同。承办方在事前应急设计中，完成应急点的措施准备后，应再设计一到两个备用方案，确保万无一失。

（四）任务分解，责任落实到人

群众文化活动的应急任务分解与活动实施阶段的任务分解方法大致相似，主要包括三个方面的内容。

首先，确定应急第一责任人和项目应急责任人。应急第一责任人拥有活动应急的指挥权和决策权，并对应急的最终结果负责。通常情况下，应急第一责任人由总指挥系统的主要负责人担任。项目应急责任人对特定业务或区域拥有应急指挥权，并承担相应责任，其工作直接向应急第一责任人汇报。

其次，根据应急方案将各项应急内容细分为具体任务，并通过部门分配到个人岗位。确保内容、任务和个人三者之间的一一对应，即应急内容与应急任务进行针对性设计，每个应急点都有相应的对策安排，且每个对策和措施都有专人负责，实现任务、岗位、个人三者之间的精准对应。

最后,岗位个人在接收应急任务的同时,必须学习相关的技能和应急方法,并深刻理解指挥人员的指令意图,这是完成应急任务的基本要求。

(五)提出应急要求

一旦应急任务分配到各个岗位,应立即开始实施应急管理体系和指挥规范的建设。这包括明确职责分工、实施层级管理,并逐步建立责任追究制度。

此外,还需要检查和确认所有应急设备和设施是否完好,保证所需设备及时准备就绪,并指定专人负责设备的保管和维护。

在活动开始前,必须对应急岗位人员的实际操作能力进行审查,并通过演练来确保这些措施得到有效执行。这要求每位应急人员都要有充分的准备,确保指挥系统的指令能够迅速被执行。

二、现场应急应掌握的基本原则

(一)群众生命第一的原则

在群众文化活动的现场应急管理中,可能会遭遇各种突发事件,如恶劣天气、火灾、人群拥挤、电力中断等。无论情况多么复杂,指挥人员和岗位应急人员必须始终铭记,保障人员安全是应急处理的首要原则。这涉及确保观众、演员、工作人员以及应急人员自身的安全。当人员安全与保护设备、文物等其他安全考量发生冲突时,人员安全应始终放在首位。这意味着,在保护人员安全与保护设备或文物之间做出选择时,应优先考虑人员的安全。

(二)关键部位优先的原则

关键部位是指那些对整个活动有重大影响的区域,例如指挥中心、供电系统、高空悬挂物品、灯光音响设备、易燃易爆物品存放区以及群众集结区域等。

在活动过程中,如果出现多种意外情况,这些关键部位将成为应急指挥系统优先关注的对象。在所有关键部位中,那些可能导致现场秩序混乱的区域尤为重要,因为维护良好的秩序是进行有效应急处理的基础。

(三)必须始终保持指挥系统联络通畅

在活动的应急处理过程中,保持各系统和岗位之间信息的畅通无阻至关重要。在紧急情况下,最佳的处理时机往往转瞬即逝,如果沟通不顺畅,就无法实现岗位间的协同工作,这将显著增加发生严重事故的风险。

第五节　群众文化活动组织实施人员的基本素质

群众文化活动的组织和执行人员的素质对活动的实施和质量保障起着关键作用。没有一支高水平的执行团队,就难以全面理解和把握活动策划的真正意图和理念。大众通常从承办方的操作水平和实际执行能力来评价活动的质量。由于组织和执行人员与策划人员承担的任务和工作特点存在差异,他们在素质要求上也有所不同。

一、工作设计和组织设计能力

工作设计涉及将策划方案中的概念转化为实际操作计划,并对其进行详细细化的过程。在将策划设计付诸实践的过程中,组织执行人员需要理解策划人员的形象化思维,把握创意的核心目的,并掌握从活动构思到实际操作的转化原则。因此,要求组织实施人员有较高的逻辑思维和形象表达能力。

组织设计是为了实施程序而建立的工作架构,包括确定人员岗位、明确职责和分工的步骤。当承办方接收到活动策划方案后,应通过组织设计来了解任务的总量和类型,并根据这些信息来设定部门和岗位的数量。此外,还需要对执行团队的能力进行评估,根据实际情况来安排岗位,并根据团队成员的业务专长和实际能力进行岗位分配。这些是组织设计的核心要素,其设计的优劣直接影响到活动的执行效率。

二、指挥控制能力

大型活动十分复杂,各个环节很多,组织实施人员必须能够将自己分管权限范围内的人、财、物及操作进程,时刻控制在正常的秩序之中。绝不允许出现失控现象。控制是群众文化活动管理的重要手段。

指挥控制能力包括活动程序的控制、人员行为的控制、现场秩序的控制、活动方向的控制等。

（一）活动程序的控制

活动程序控制指的是对活动实施过程中各个环节和步骤进行严密管理和控制的能力。这种能力包括对活动流程的合理安排、对活动资源的合理分配、对活动人员的合理调配等。控制活动程序有助于群众文化活动按照既定的计划和目标顺利进行，提高活动的组织效率和效果。

（二）人员行为的控制

人员行为控制指的是对参与活动的人员的行为进行管理和指导的能力。这种能力包括对人员的行为规范、对人员的行为引导、对人员的行为监督等。通过控制人员行为，可以确保参与活动的人员能够遵守活动规则和纪律，保持良好的行为表现，提高活动的组织效率和效果。

（三）现场秩序的控制

对于活动的承办方而言，现场秩序的控制是一项极具挑战性的任务，尤其是在大型群众性活动中，更需要集体的力量和协作来完成。优秀的活动组织者在控制现场秩序时，能够实现以下目标。

一是气氛热烈而不喧闹。确保活动现场的氛围既活跃又有序，避免过度喧闹影响活动的正常进行。

二是群众积极而不混乱。鼓励群众积极参与活动，同时保持良好的秩序，避免出现混乱状况。

三是制度落实严格而不生硬。确保活动规则的严格执行，同时采取人性化的管理方式，避免过于生硬导致的不便。

四是指令下达迅速而不仓促。在需要时快速下达指令，同时保证指令的清晰性和周全性，避免仓促行事可能带来的问题。

指挥员的心理素质是控制现场秩序的关键。他们需要保持冷静、专注，能够在压力下做出快速而准确的决策。

(四)活动方向的控制

群众文化活动的方向在策划阶段就应该被明确和设计好。然而在实施过程中,由于各个岗位任务的性质不同,岗位人员对活动的理解可能会出现偏差,这可能会对活动的完整性和运作步调的协同统一产生重大影响。因此,把握活动方向是各级指挥系统在活动始终中贯彻的重要任务。无论岗位人员如何操作,活动的方向和性质都绝不能有任何改变。

三、组织协调能力

大型活动很难靠某个单一部门独立完成任务,必须要靠多个职能部门协同合作。这就需要群众文化工作者具备组织协调能力,能够组织文化活动,协调活动各方面的问题,保证文化活动顺利进行。[①]群众文化活动组织实施人员应具备的组织协调能力包括以下几点。

(一)部署召集能力

指挥人员具备较强的逻辑思维能力和对活动流程的熟练把握是召集能力的关键。能够用最短的时间、最少的语言和最清晰的思维逻辑来部署完整的活动任务,是最受各个岗位人员欢迎的召集模式,也是组织指挥人员应具备的重要素质。

这种能力要求指挥人员能够迅速理解和分析活动流程中的关键环节,准确把握各个任务之间的关系和依赖。此外,还需要具备良好的沟通能力,能够用简洁明了的语言表达任务要求,确保团队成员能够快速理解和执行。

通过这种方式,指挥人员能够提高活动的执行效率,减少沟通成本,确保活动任务的顺利完成。这种高效的任务部署方式不仅能够提升团队的工作效率,也能够增强团队成员的满意度和归属感,为活动的成功提供有力保障。

(二)宣传号召能力

在体育比赛中,教练员需要将运动员的状态调整到最佳才能参赛,群众文化活动的运作也是如此。活动组织者在实施过程中,就像教练员一

①李慧莹. 浅析如何提升群众文化工作者的素质与能力[J]. 牡丹,2019(11):19—21.

样，需要将岗位人员的兴奋点和工作积极性调整到最高水平。通过各种宣传手段，调动所属人员的旺盛精力和高度责任心，确保各项任务圆满完成。广大群众会通过工作人员的精神状态感受到活动的魅力，同时也能从中看出活动组织者的工作水平。

因此，活动组织者需要具备良好的激励和领导能力，以确保能够激发团队成员的积极性和创造力，营造积极向上的工作氛围。这样的能力不仅有助于提升活动的整体效果，也能够增强团队的凝聚力和执行力，为活动的成功奠定坚实的基础。

（三）处理矛盾能力

在现实生活中，矛盾无处不在，无时不在，无论是从事何种工作。群众文化活动作为一项复杂的工程，每个岗位的人员都面临着巨大的压力，相互之间的矛盾在所难免。活动组织者必须具备解决内部矛盾、缓解内部人员压力的能力。从某种程度上说，活动的管理过程就是不断处理矛盾的过程，不具备调解能力的管理者无法成为合格的活动组织者。

群众文化活动的特征之一是广泛的群众参与性，参与活动的群众不同，对同一活动内容的态度可能截然不同，因此矛盾的产生是较为普遍的现象。例如，在群众文艺比赛中，参赛选手可能对比赛规则有异议，选手之间也可能产生矛盾。只有不断解决这些问题，活动才能持续完善，顺利开展。群众文化活动就是在处理矛盾的过程中不断发展和进步的。

因此，活动组织者需要具备出色的调解能力和应变能力，以及时识别和解决内部矛盾，确保活动的顺利进行。同时，还需要善于沟通和协调，能够平衡各方利益，缓解人员压力，创造和谐的工作环境。

（四）调整计划能力

为了保证活动的质量，满足广大群众的文化需求，活动的实施计划必须紧密贴合现场活动的实际需求。当情况发生变化时，计划也必须相应地进行调整。在活动的实施过程中，实际操作与事前计划之间往往存在差异，决策机构只有不断地对方案进行调整，才能确保活动的顺利进行。因此，调整计划的能力是活动组织实施人员的基本素质之一。

这种能力要求组织人员具备敏锐的观察力，能够及时捕捉到活动实施过程中的变化和问题;同时,还需要有灵活的思考和快速的决策能力,能够在短时间内制订出有效的应对措施。此外,良好的沟通协调能力也是必不可少的,因为调整计划往往涉及多个部门和团队的协作。这些能力共同构成了组织人员调整计划的基本素质,是确保活动成功的重要因素。

四、调整应变能力

在大型活动的组织实施过程中,完全按照策划意图不折不扣地执行是不现实的。工作中难免会出现各种预料之外的变化。组织人员必须具备灵活机动的应变能力,及时调整和修改计划,以确保活动目标的最终实现。然而,在某些情况下,由于情况的突然变化,指挥人员可能没有时间修改计划,这时就需要他们能够迅速做出决策,这考验的是他们的应变能力。

指挥人员的应变能力主要体现在以下几个方面。

其一,迅速做出反应。活动的决策者应对实施过程中的微小变化保持高度敏感,并能够比其他人员更快地做出反应,这样才有可能将问题解决在初始阶段。

其二,迅速做出判断。指挥人员能够在短时间内对问题的性质和可能产生的影响做出准确判断,并对问题的原因和后果进行深入分析。

其三,迅速确定处理办法。基于准确的判断,快速确定解决问题的方法,并清晰地说明实施的方向和路线。

其四,迅速采取行动。调动一切相关资源和力量,快速解决问题,将不利影响控制在最小范围内。

这些应变能力是确保大型活动顺利进行的关键,这要求指挥人员具备敏锐的洞察力、快速的决策能力和高效的执行能力。通过这些能力的综合运用,可以有效地应对活动实施过程中出现的各种挑战和变化,确保活动的成功举行。

五、预测能力和评估能力

活动组织实施人员的预测和评估能力,指的是对活动实施方案执行结果的预判和推断能力。只有具备这种预测能力,才能对实施方案进行有效的调整,对活动流程进行节奏上的控制。例如,某城市举办国庆节游园活动时,活动指挥部根据第一天的客流量和节日期间广大群众的文化消费习惯,预测从第三天开始活动将进入高峰期。基于这一预测,指挥部迅速调整了活动计划,将游园结束时间延长两小时,从而更好地满足了群众的文化需求,并因此获得了社会各界的好评。这个例子充分展示了预测和评估能力在活动组织实施中的重要性,它有助于提高活动的灵活性和应变能力,确保活动能够更好地服务于群众。

在策划工作中,预测和评估是至关重要的环节。然而,在活动的组织实施阶段,评估的作用则更为显著。组织指挥人员必须对实施过程的各个阶段进行及时的评估,以判断工作效果是否符合预期。这种评估能力是每个组织人员的基本技能,也是确保活动成功举办的必要条件。

第六节　群众文化活动的评估

群众文化活动的评估是整个实施过程中的关键环节,它是对活动成果的全面检验和评价。通过评估,可以对活动的组织、管理、效率和社会效果进行深入总结,并从中探索群众文化活动的内在规律。

当前,随着我国群众文化事业的迅速发展,群众文化活动的科学化和规范化建设也取得了显著进步。群众文化活动的现代化建设经历了长期的实践探索和经验总结,通过不断的评估和分析,逐步迈向了科学发展的道路。活动的评估是一个不可或缺的步骤,它不仅反映了活动的真实价值,也展示了主办方和承办方的实际能力,同时为群众文化事业的进一步发展提供了宝贵的素材和依据。因此,每个群众文化工作机构在举办活动时,都应高度重视活动的评估工作,避免形式主义,认真进行总结,为未来的发展奠定坚实的基础。这样的评估不仅有助于提升活动的质量和效果,也有助于推动群众文化事业的持续进步和创新发展。

一、评估内容

群众文化活动的特性，即其广泛参与性和丰富多样性，使得对其评价变得相当复杂。在确定评估内容时，不仅要考虑活动本身的质量，还需关注其对社会的影响以及满足大众文化需求的能力。确保评估的全面性和针对性是挑选评估内容时的核心准则。

（一）活动的评估内容

活动的评估内容包括社会效果的评估、经费核算的评估、项目质量的评估、工作业绩的评估四个方面。

1.社会效果的评估

活动的社会效果评估是对活动对社会产生的影响和效果进行综合评价的过程，涉及对活动目标实现程度、活动对社会各个方面的影响、活动对社会发展的贡献等方面的评估。通过社会效果评估，可以了解活动对社会的影响和贡献，总结活动取得的成果和经验，为今后类似活动的策划和组织提供参考和借鉴。

群众文化活动的社会效果评估主要体现在两个关键方面：一是评估社会各界对活动的评价。这包括上级机关、专家学者、新闻媒体和社会舆论的反应。通过分析这些反馈，可以衡量活动的艺术价值和社会价值，进而判断活动的发展潜力和持续性的价值。

二是评估参与活动的群众的评价。这包括群众参与活动的积极性、文化需求的满足程度以及对活动的基本态度。群众文化活动的核心目标是满足人们日益增长的文化需求。因此，群众的评价是活动评估的基础和关键。通过深入了解群众的反馈，可以更好地调整和优化活动，确保其更有效地服务于群众的文化需求。

2.经费核算的评估

活动的经费核算评估是对活动实施过程中经费的使用情况进行全面审查和评估的过程，涉及对活动预算的制订、经费使用情况的跟踪、经费使用效果的评估等方面的内容。

群众文化活动经费核算的评估主要关注以下几个方面。

其一，评估活动经费的来源是否合法合规，以及相关手续是否齐全。

随着社会力量参与文化活动得到普遍认同，群众文化活动的经费来源日益多样化，包括企业赞助、单位支持和社会力量的有偿服务。这些多元化的资金来源虽然促进了文化活动的发展，但也带来了新的挑战。赞助性质、拨款方式、协议内容和经费分配等，都需要严格按照程序操作，并作为评估的重要内容。

其二，评估活动经费的支出是否与活动的实际需求相匹配。如果支出低于需求，需要评估活动质量是否受到影响；如果支出超出需求，则需要调查超支的原因。

其三，评估经费预算与实际支出之间是否存在差异，并分析产生差异的原因，无论是预算不合理还是实际支出出现偏差。

其四，评估活动经费的使用是否遵守了财经制度和相关法规。我国对群众文化活动经费的使用有明确规定，所有活动都必须遵循相关政策法规。

其五，评估经费投入与活动产生的社会效果之间是否成正比。如果活动未能达到预期的社会效益或未能充分体现群众文化的特性，即使经费使用符合要求，也不应在评估中获得高分。

3.项目质量的评估

活动的项目质量评估是对活动实施过程中项目完成的质量进行综合评价的过程，涉及对活动目标实现程度、活动项目的完成情况、活动项目对社会各个方面的影响等方面的评估。

群众文化活动项目质量的评估主要包含两个关键方面：一是评估活动的实际成果是否与主办方举办活动的初衷和目标相吻合，以及是否遵循了活动的设计意图。在现实操作中，主办方的目的与活动的最终成果之间可能会存在一定的差异，这是常见的情况。将这一差距纳入评估范畴有助于推动主办方动机与群众文化需求之间的协调一致。二是评估活动的设计数据和任务是否圆满完成，这反映了活动策划和执行的能力。活动的设计数据在策划阶段确定，而任务的形成则是实施阶段的核心设计内容。这两者之间的协调统一是活动成功的基础，也是评估活动质量的重要标准。通过对这些方面的综合评估，可以全面了解活动的策划和执行质量，从而为未来的活动提供改进和提升的方向。

4.工作业绩的评估

活动的工作业绩评估是对活动实施过程中工作人员的工作表现和业绩进行综合评价的过程，涉及对工作人员的工作态度、工作能力、工作成果等方面的评估。

群众文化活动工作业绩的评估主要围绕三个核心方面展开。一是评估活动组织机构和指挥系统是否有效履行了其职责，以及各部门的配置是否与活动的规模和性质相匹配。二是考察各部门之间的协作是否顺畅，以及活动内容是否得到了充分的展现。三是评估岗位人员的配置是否适当，以及人员的整体素质和工作表现是否达到了预期标准。这三项考核内容旨在评估活动执行过程中的效率，全面反映了活动单位的综合管理水平。

对于群众文化的单位而言，通过活动的工作业绩评估不仅可以不断提升和磨炼团队的实践能力，而且对于塑造具有特色的工作模式和活动风格具有重要意义。这种评估过程有助于单位形成独特的工作方法和风格，从而在群众文化领域内建立自身的品牌和影响力。

（二）活动阶段评估

群众文化活动的评估是个系统的工作过程，应对活动进行全面的评价，因此评估工作需贯穿活动的全过程。

按活动阶段评估应包括活动前期评估、活动过程评估和活动事后评估。

1.活动前期评估

在活动正式开展之前，进行前期评估是一个至关重要的步骤。这一过程涉及运用各种前瞻性方法，如分析媒体报道、监测社会兴趣、听取专家意见和观察公众舆论，来评估活动的潜在影响和价值。尽管前期评估本身并不直接影响活动的最终成效，但它为事后的评估提供了宝贵的参考数据，包括对创意的价值评估、策划理念的深度分析，以及策划方案的实用性的全面考核。

前期评估可以视为一种预测性的分析流程，许多承办方的关键执行决策都是基于这一流程做出的。通过这种评估，可以进一步完善活动策划，确保主办方的初衷和目标得到有效传达和实现。因此，前期评估是活动策划中不可或缺的一部分。

2. 活动过程评估

活动的过程评估是指在活动进行过程中对各个系统和部门的工作质量和工作效率进行评价，包括对岗位设置、工作进度、协同运作、人员状态、管理水平以及任务完成质量的评估，是一个非常重要的工作环节。活动指挥系统通过评价各个协同环节来掌握工作节奏，评判工作质量，控制实施进度，这对于活动的有序运行具有关键作用。

活动过程的评估是一种阶段性评价，其结果应当以适当的形式记录下来，为事后最终评估提供依据。这项工作对于群众文化活动的队伍建设、活动科学规范实施的探索，以及活动理论的进一步完善都具有非常重要的意义。

3. 活动事后评估

活动的事后评估，即在活动结束后，主办方基于前期评估和过程评估的结果，对活动进行全面的评价和总结。这被视为对活动的最终考核，涵盖了之前提到的所有评估内容。通常我们所提到的活动评估，就是指事后评估，它是整个评估程序的核心部分。

对于群众文化单位而言，每次活动的评估都是一项极其重要的工作。它不仅是对活动本身的评价，也是对主办方和承办方组织能力和策划水平的考验，对于提升群众文化单位的综合能力具有重要意义。

事后评估主要关注社会影响力和活动设计以及实施的科学规范程度。群众文化活动的服务理念和以人为中心的策划思想，正是在不断的活动评估中逐步完善的。群众文化事业的快速发展要求群众文化活动必须遵循“二为方向”和“双百方针”的道路，而活动的评估正是确保活动发展方向正确的有效手段。因此，群众文化工作者不应将活动评估视为一个孤立的任务，而应将其作为群众文化战略的一个组成部分，从其本质规律上进行深入总结。这样的评估才具有长远的意义。

二、评估方式方法

运用何种评估方法对于文化活动最终的评估结果起着十分关键的作

用。尤其针对群众文化活动的评估,更应当重视方式方法的使用。群众文化活动是面向社会的开放式活动,其群众性和多样性决定了评估的复杂性。运用正确的评估方法是保证评估结果全面、准确的重要因素。

(一)群众文化活动的评估方式

1.外部评估

外部评估指的是活动工作主体以外的社会性人员对活动的评估。这些人员不是活动的策划者和决策者,而是以旁观者、参与者的身份参与到评估工作中,因此他们提供的评估结果往往更加客观公正。

专家型评估是一种常见的外部评估方式,它是由活动的评估决策方委托或邀请相关领域的专家、学者组成临时评估机构,对活动的质量、实施规范、指导思想、实际效果等进行全面评价。这种评估通常由评估决策方领导,成员包括群众文化活动专家、学者、财务评审专家及相关管理类学者。他们会就活动的社会效益、实施运作效率、财务管理规范及经费使用状况等进行审核考评。在听取主办方和承办方的系统陈述后,结合相关材料和实际情况,通过核对、测算、分析、研究等手段,对活动做出完整的评价。

社会型评估是另一种外部评估方式,它是由活动的评估决策方邀请社会相关人士对活动的社会效应和社会价值进行评估。这种评估的参与者通常包括各类宣传媒体和社会团体,他们对活动的评价提供了丰富的素材,具有非常重要的意义。媒体作为社会舆论的展示平台,对群众文化活动的社会影响十分敏感,往往会从职业的特殊角度做出评价。因此,任何群众文化单位都不应当忽视媒体在评估中的作用。

开展群众文化活动的目的是满足广大人民群众的文化需求,因此群众对活动是最有发言权的。在对活动的评估过程中,听取群众的反映和评价是不可缺少的程序。如果没有群众的支持,无论多么高质量的群众文化活动都会失去存在的意义。参与活动评估的群众可以由两类人员构成。第一,邀请直接参加活动的群众对活动进行评价,他们对该次活动有着亲身感受,从文化需求的角度做出的评价是最有价值的;第二,采用多种形式听取社会各界群众对活动的看法和意见,要善于从人们多角度、多侧面的评论中找出自身的不足和未来发展的方向。

2. 内部评估

内部评估指的是承接方内部自身的评估。[①]承办方的工作人员作为活动的直接决策者和参与者，对活动的结果承担着相应的责任。评估不仅是群众文化活动的必经环节，而且没有经过评估的活动不能视为结束。内部评估既是对工作的全面考核，也是群众文化工作持续发展的动力。

从职责上划分，内部评估可以分为系统内评估和主办方认定两个部分。

系统内评估是指参加活动的承办方各级岗位人员按照评估计划对活动进行综合性总结考评。系统内评估的重点主要在于活动的实施运作方面，包括机构设置、协同运作、管理模式、工作效率、经费使用、人员表现等。各指挥系统和部门可以通过评估对自身的工作做出客观的判断，优秀的组织机构就是在不断的总结当中逐渐成长起来的。

群众文化活动系统内评估的结果应以书面形式上报活动的主办方或决策方。主办方认定即在系统内评估的基础上，活动的主办方对活动的整体效果进行测评。主办方认定的重点是活动的社会价值和社会反响、活动运作的质量、活动持续发展的可能性及法律法规的执行情况等。这是对该次活动成果的终极认定，应作为重要资料留档保存，对本地区群众文化事业的发展将会产生积极作用。

（二）群众文化活动的评估方法

评估的对象不同、内容不同，采用的方法也会各不相同。其中主要包括数字统计、监督观察、问卷调查、召开总结会和座谈会、评选评比、项目负责人总结报告及汇报展示、财务考评等。

1. 数字统计

运用数字和数据进行测评是群众文化单位普遍采用的一种量化评估方法。这种方法通过对参与活动人数的统计分析，可以了解该项活动在人们心中的受欢迎程度；通过演出场次、下乡次数等数字参数的归类和计算，可以分析该项活动的组织实施效率。

①李雪迎. 供应链视角下政府购买居家养老服务研究[D]. 武汉：武汉科技大学，2023.

在实际工作中,这种方法的使用通常体现在两个方面。一是将各项工作任务进行量化分解,并用数字确定出量化的标准,作为评估的依据。这种方法可以帮助明确各项任务的完成情况,使得评估更加客观和具体。二是将活动中各系统的运作情况用数字的方式进行记录,如时间的限定、完成任务的速度、参演节目数量及参与活动的单位数量等,并以此作为测评活动效率和质量的依据。这种方法可以帮助了解活动的实际运行情况,为评估提供有力的数据支持。

通过数字和数据的量化评估,可以更准确地了解活动的效果和效率,为活动的改进和提升提供有力的依据。

2.监督观察

这是活动过程评估的主要方法,分内部监督和外部监督两类。

内部监督是群众文化活动中一个重要的环节,它指的是各指挥系统对活动中的各个实施程序进行阶段性的测评。通过这种测评,各部门可以根据结果调整工作部署,确保活动的有序开展。内部监督有助于及时发现和解决问题,保证活动按照既定的目标和计划顺利进行。

外部监督则是指参与活动的群众或相关社会群体通过适当的方式,如意见箱、现场采访等,对活动的效果和运作水平进行评价。这种方法可以促进活动组织单位对活动运作协同的改进和实施水平的提高。外部监督能够从参与者和观众的角度提供反馈,帮助组织者更全面地了解活动的实际效果和社会影响,从而为活动的改进提供依据。

3.问卷调查

问卷调查可以根据评估单位的具体目的,将考评内容转化为一系列问题,以此来对活动的质量和实施效率进行测评和认定。通常情况下,问卷调查能够较为真实地反映出活动的水平,因为它是通过收集大量参与者的反馈来获取信息的。这种方法既适用于内部工作考评,也适用于社会性调研活动。在内部工作考评中,问卷调查可以帮助组织者了解员工对活动的看法和感受,从而发现问题并进行改进。在社会性调研活动中,问卷调查则可以收集更广泛的社会群体的意见,为活动的改进提供参考。

4. 召开总结会和座谈会

评选评比是群众文化活动评估程序中不可或缺的一部分。召开总结会通常是系统内部评估工作的常用方式。在每次活动结束后，各部门的岗位人员都需要进行个人总结，对自己在工作中表现进行自我鉴定，并对所在部门和系统的工作给出评价。这种工作通常通过召开总结会的方式来完成。

座谈会是一种民主的评议方式，评估单位为了客观公正地完成活动评估项目，会组织系统内的成员或系统外的群众进行座谈。在座谈中，参与者可以畅所欲言，通过这种开放式的讨论，得出评估结果。座谈会作为一种辅助性评估方法，能够有效地收集各方意见，为评估提供更全面的信息。

5. 评选评比

评选评比是群众文化活动评估体系中的一个关键组成部分。这一过程涉及活动的决策单位或上级机关对组织方、承办方以及涉及的部门和个人的工作绩效进行评价。在此过程中，活动参与者基于自我总结，通过深入讨论，选拔出表现卓越的部门和个人。这样的评选不仅是对活动执行质量和效率的认可，也是对活动整体效果的再次审视。

当决策机关对表现优异的单位和个人进行表彰时，这实际上是对活动成果的一种正面确认。这种表彰不仅能够鼓舞获奖者，还能对其他参与者和未来活动的组织者产生积极的激励作用。

6. 项目负责人总结报告

群众文化活动结束后，主办方应立即对活动进行全面的总结。这个总结应涵盖活动的指导思想、创意策划、整体实施、队伍素质、工作效率、活动质量以及社会反响等多个方面。通过系统内部人员的评议，将这些总结内容形成文字材料，这是活动评估过程中的关键文件，也是对活动主办方工作业绩的一种认定。

项目负责人总结报告不仅有助于主办方了解活动的成效和不足，还能为今后的活动提供宝贵的经验和教训。同时，它也是对主办方工作的一种肯定，有助于提升主办方的工作信心。

7.项目汇报展示

在群众文化活动的评估中，成果展示是一种特别的方式，它不仅体现了活动的特色，也是评估过程的重要组成部分。在众多群众文化活动中，有些项目通过成果的展示来展现活动的水平，如舞蹈培训班的汇报演出、群众摄影展览以及群众文艺团队的表演等。

成果展示不仅让广大群众在参与和观赏的过程中满足了自身的文化需求，而且也是开展群众性文化活动的基本目的。因此，成果展示成为活动评估的重要内容。通过观察和评价这些展示的成果，可以更直观地了解活动的效果和影响力，从而对活动进行更全面的评估。

8.财务考评

在各类群众文化活动的评估过程中，财务的考评工作都是必不可少的。这主要体现在两个方面：①检查活动中的经费使用是否符合财务纪律和相关法规；②采用将财力、物力、人力投入量与活动的实际效果进行比较的方法，检验和测评活动的社会价值与运作效率。

三、评估程序

群众文化活动的评估是一个系统且严谨的过程，需要遵循一定的科学规范程序。在实际操作中，由于活动的规模、运作方式和复杂程度各不相同，评估程序可能会有所差异。然而，无论活动类型如何，评估程序的基本原则和步骤是统一的。只有严格按照程序进行，评估结果才能确保真实有效。

群众文化活动的评估程序大致可以分为三个阶段：准备阶段、实施阶段和发布阶段。

（一）准备阶段

评估组由相关上级单位和活动的主办方组成，负责活动的评估工作。评估组需要明确评估指导思想和目的，确定评估的方向并向评估对象提出具体的要求。

活动承办方负责整理和筛选活动过程中收集的评估素材，进行归纳分类，并在此基础上确定评估内容。同时，活动承办方还需要根据本系统内部的具体情况选择合适的评估方法。

接下来,需要根据活动的具体内容和实际情况来制订相应的评估标准。由于群众文化活动的类型和所处环境各不相同,评估标准也会有所差异。评估标准的制订单位应根据评估需求来确定标准的类别和内容。尽管不同地区和单位制订的评估标准可能各不相同,但它们的基本原则和相关因素的内在联系是一致的。例如,活动的动机和目的会影响社会效益标准的制订;活动的社会环境和内容要求会影响安全保障标准的制订;活动指挥机构的设置会影响系统协同标准的制订;岗位人员的素质会影响操作技术标准的制订;活动规模和项目内容会影响经费使用标准的制订;运作模式和活动形式会影响运作效率标准的制订;承办方的综合能力会影响人员使用标准的制订;设备条件和管理水平会影响环境保护标准的制订等。

在活动主办单位的领导下,需要对相关系统进行评估动员,组织岗位人员学习评估标准,了解评估的目的和内容,并做好评估前的各项准备工作。

(二)实施阶段

活动承办方根据活动前期和活动过程中的评估情况,将对所属部门进行活动的事后评估,并撰写评估报告。这份报告需要对活动的事实状况进行综合评价,并提交给内部各系统进行讨论。

同时,各部门以及各岗位人员需要进行内部评估。作为活动的执行者,岗位人员对活动的价值和协同运作效果有着深刻的体会和发言权,因此他们是活动评估的核心部分。通过各系统内的自我总结,各部门和岗位将对其工作效率和质量进行评估,这构成了总体评估的基础。

此外,活动的评估决策方将组织专家学者和社会群众进行外部评估。通过考评、座谈会、问卷调查等多种手段,广泛收集社会各界的反馈,从而对活动的社会影响力和价值进行客观评价。

(三)发布阶段

在活动评估的最终阶段,领导机构的负责人将向各个系统呈现一份综合评估报告,并公布评估结果。这份报告是在经历了评估的各个阶段,并基于广泛评议的基础上形成的,它代表了活动评估的最终结论,同时也标志着评估工作的完结。

根据评估结果，相关部门和个人将接受表彰、奖励或处罚。这一过程对于加强群众文化队伍建设，提升所属人员的整体素质具有极其重要的意义。当岗位人员在评估中因自己的努力而获得认可时，他们会感到自豪，并因此获得新的动力。同样，受到处罚的人员也会从中获得教训，明确未来的努力方向。因此，表彰和处罚是群众文化活动结束时必须完成的重要环节，也是评估发布阶段的关键内容。

一旦群众文化活动的评估结果得到最终确认，活动的主办方和决策方应通过一定的方式，如公文下达、召开会议、组织媒体等，向受活动影响的相关单位和地区公布评估结果。这不仅是一种扩大活动社会影响的有效手段，也是进一步接受群众监督的必要措施。

参考文献

[1]陈春萍，刘洁.论社会主义和谐劳动的伦理准则[J].湖南科技大学学报（社会科学版），2013，16（04）：42—45.

[2]高静.县域全民健身服务居民获得感的测度、影响因素及优化路径研究[D].苏州：苏州大学，2022.

[3]韩顺政.新时期群众文化活动策划的路径探析[J].参花（下），2023（10）：119—121.

[4]黄丽.新时期群众文化研究[M].银川：宁夏人民出版社，2014.

[5]贾乃鼎.全国基层文化队伍培训教材 群众文化活动的策划与组织[M].北京：北京师范大学出版社，2013.

[6]李光南，林照华.文艺编排与策划教程[M].合肥：合肥工业大学出版社，2019.

[7]李慧莹.浅析如何提升群众文化工作者的素质与能力[J].牡丹，2019（11）：19—21.

[8]李学勤.毛诗正义[M].北京：北京大学出版社，1999.

[9]李雪迎.供应链视角下政府购买居家养老服务研究[D].武汉：武汉科技大学，2023.

[10]刘菲.大型群众性活动安全管理研究——以上海外滩踩踏事件为视角[J].湖北警官学院学报，2015，28（05）：36—39.

[11]刘军.群众文化活动的时代价值及管理创新[J].文化产业，2024（08）：53—55.

[12]刘兴德.深化平安校园创建 维护校园安全稳定[J].思想教育研究，2019（01）：111—113.

[13]刘怡.讨论新时期群众文化活动的组织与开展[J].艺术品鉴,2019(02):300—301.

[14]吕海涛.公民社会与我国社会治理创新研究[D].天津:天津师范大学,2015.

[15]马汉臣.民间庙会[M].太原:山西经济出版社,2009.

[16]马晓芳.浅议群众文化与群众文化志愿者[J].文化创新比较研究,2019,3(11):130—131.

[17]孟玲莹.浅谈群众文化活动的时代价值及其管理创新[J].商品与质量,2021(10):57.

[18]乃提帕•莫合买提.加强基层群众文化队伍建设的措施[J].文化学刊,2018(09):147—148.

[19]钱冰冰.浅谈如何统筹群文演出与舞台工作[J].黑河学刊,2012(11):191—192.

[20]覃红梅.社区民主建设与文化活动[M].天津:天津科学技术出版社,2016.

[21]陶丽平.完善激励机制 繁荣群众文艺创作[J].文化产业,2023(14):103—105.

[22]王灿.新形势下群众文化活动开展策略探讨[J].参花(上),2024(13):155—157.

[23]闻静.现代群众文化策划工作实务[M].北京:中国纺织出版社,2021.

[24]谢桂领,许珏芳,何立营.文化工作与群众文化建设研究[M].长春:吉林人民出版社,2020.

[25]许静.新形势下基层群众文化活动策划与组织策略探讨[J].参花(上),2023(09):119—121.

[26]杨秀.群众文化基层骨干培训与队伍建设探索[J].大众文艺,2019(07):9.

[27]张虹.新时期群众文化活动的组织与策划方法分析[J].文艺生活(中旬刊),2019(9):198.

[28]中共中央马克思、恩格斯、列宁、斯大林著作编译局.马克思恩格斯选集[M].北京:人民出版社,2009.